Objectif BAC

Tle STMG

Fiches détachables

Économie-Droit

Jean-Pierre BROUTIN

hachette
ÉDUCATION

Mode d'emploi de l'ouvrage

Un **système d'encoches** permet de noter où l'on en est dans son parcours de révision (trois niveaux de « coche » prévus par fiche pour indiquer si la fiche a été simplement *lue*, *revue* ou si elle est *acquise*).

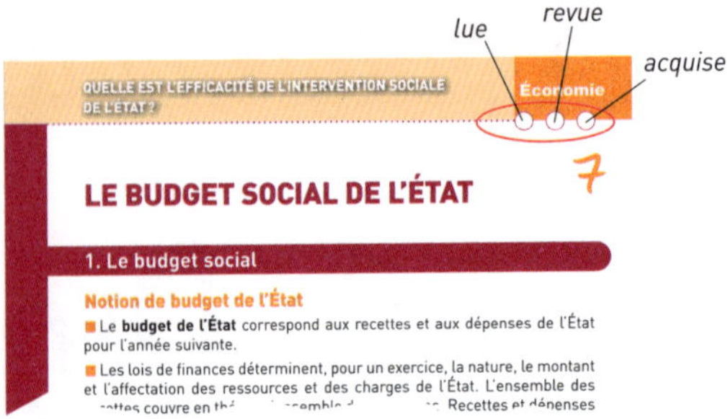

Conception graphique

Couverture : Alain Vambacas

Intérieur : Audrey Izern

Réalisation

Couverture : Alain Vambacas

Composition et mise en pages : PAON

Schémas : Joël Dingé

www.hachette-education.com

ISBN : 978-2-01-160911-3

SOMMAIRE

ÉCONOMIE

DROIT

Fiche ... Page.

QU'EST-CE QU'ÊTRE RESPONSABLE ?

COMMENT LE DROIT ENCADRE-T-IL LE TRAVAIL SALARIÉ ?

COMMENT LE DROIT ORGANISE-T-IL L'ACTIVITÉ ÉCONOMIQUE ?

COMMENT ENTREPRENDRE ?

L'épreuve d'Économie-Droit en Terminale STMG est une épreuve écrite, obligatoire, d'une durée de **3 h** et d'un **coefficient 5**. Elle est commune aux deux matières (Économie et Droit) et porte sur les **programmes de classes de Première et de Terminale** de la série STMG (Sciences et technologies du management et de la gestion).
Dans l'épreuve, les deux parties sont indépendantes, à peu près équilibrées et représentent le même poids dans la note. Il est donc nécessaire que vous accordiez le même temps de traitement à chaque partie.
L'objectif de l'épreuve est de vérifier que vous comprenez et savez expliquer le contexte économique et juridique présenté dans l'épreuve.

Pour la partie ÉCONOMIE

Cette partie vise à évaluer votre capacité à analyser un problème économique d'actualité et à construire une argumentation pertinente. Vous serez confronté à deux types de questions :
– des questions de **méthodologie** en relation avec un ou plusieurs documents qui pourront être un (ou plusieurs) texte, des graphiques, des tableaux, etc. qui vous aideront dans la compréhension du problème. Les questions pourront porter sur l'identification d'une **argumentation** (rechercher les idées exprimées), sur une **notion** ou sur l'explication d'un **mécanisme économique** ;
– des questions d'**analyse** en relation avec le problème économique posé, vous devrez donc construire une **réponse argumentée** et organisée en mobilisant vos connaissances, mais aussi en utilisant la documentation fournie et les réponses aux questions précédentes.
Vous serez évalué sur vos capacités à expliquer un mécanisme économique mis en jeu dans le problème considéré en vous appuyant sur les notions nécessaires, à identifier les informations pertinentes dans un document écrit et à les mobiliser pour résoudre les questions posées, à interpréter les données économiques présentées sous différents supports (textes, tableaux, graphiques...), et à répondre à une question relative à un problème économique d'actualité de manière argumentée et organisée.

Pour la partie DROIT

Cette partie vise à évaluer votre capacité à analyser un **document juridique** ou une **situation juridique** et à construire une **réponse argumentée**.
Vous pourrez être confronté à :
– l'analyse d'un **document juridique** (contrat, statuts...) : il s'agira de déterminer la nature du document, de le définir, d'en analyser les clauses... ;
– une **situation juridique** : il s'agira de résoudre un cas proposé à partir d'une situation exposée et d'une documentation juridique jointe. Vous devrez cerner le domaine juridique concerné (les cours seront précieux dans ce cas pour le définir rapidement) et vous devrez ensuite rechercher

les connaissances qui ont un lien avec le sujet. La documentation fournie pourra aider à compléter les connaissances pour s'adapter complètement à la situation. Le questionnement demandera d'exposer les faits, d'identifier le problème à résoudre, de le qualifier juridiquement, d'exposer les règles à appliquer en faisant référence à l'article (ou aux articles) fourni en annexe et d'apporter une solution au problème posé.
Comme l'apprentissage du droit doit vous apporter les concepts fondamentaux pour développer des capacités d'analyse dans le cadre de situations pratiques et aussi vous former à la citoyenneté, vous serez donc évalué sur vos capacités à mobiliser des concepts pour qualifier des situations, à identifier les informations pertinentes dans un document écrit et à les mobiliser pour résoudre les questions posées, à déterminer les règles applicables, à interpréter les données juridiques présentées sous différents supports (document, situation exposée…), à proposer des concepts à mettre en œuvre selon les situations proposées et à répondre à une question relative à une situation pratique en développant une argumentation juridique.

Conseils et méthodes de travail

Avant l'épreuve

Apprenez régulièrement les cours et rédigez une fiche après chaque leçon pour synthétiser les connaissances.
Tenez-vous informé de l'actualité et lisez divers journaux ou mensuels (ex. : *Alternatives économiques*, à la démarche très pédagogique) ou hebdomadaires (*L'Expansion, Challenge, Le nouvel économiste*…).
Après chaque contrôle, analysez les réponses pour comprendre pourquoi vous n'avez pas obtenu la totalité des points sur telle ou telle question.
N'oubliez pas que l'épreuve porte sur les programmes de Première et de Terminale : révisez donc les cours des deux années !

Pendant l'épreuve

Lisez le sujet dans son ensemble pour déterminer par quelle partie vous allez démarrer (choisissez celle qui vous paraît la plus accessible, où vous avez le plus de connaissances, le plus de choses à dire).
Attribuez un temps à chaque partie : en théorie, le poids de chaque partie est identique, donc il faudrait y consacrer la même durée (1 h 30 pour chaque partie) mais on peut accepter un débordement léger (environ 15 minutes).
Lisez attentivement la documentation fournie qui va se révéler une aide précieuse. **Important** : Pensez à vous relire pour corriger d'éventuelles fautes d'orthographe. Le barème prévoit souvent quelques points pour la présentation (soignez votre copie, soyez lisible) et l'orthographe.

LE MARCHÉ DU TRAVAIL

1

1. Définition

■ Le marché du travail est composé des **offres** de travail présentées par les salariés et des **demandes** de travail proposées par les entreprises qui ont des besoins précis. L'offre de travail doit être capable de répondre à la demande formulée par les entreprises sur ce marché du travail.

2. Spécificités du marché du travail

Spécificité géographique du marché du travail

■ Le marché du travail constitue la rencontre de l'offre et de la demande d'emplois, les salariés étant les demandeurs d'emploi, les employeurs étant les offreurs de travail. La localisation de ce marché peut être un lieu déterminé (on peut localiser les offres d'emploi de Pôle emploi ou des bourses du travail), mais il existe aussi des offres provenant de la mise en relation, sans localisation précise, des offreurs et des demandeurs par différents moyens (journaux, TV, radio, Internet).

■ Certains emplois peuvent également demander une **mobilité géographique** (ex. : un ingénieur français peut être employé partout dans le monde, car son entreprise peut avoir des filiales à l'étranger).

Spécificité professionnelle du marché du travail

■ Le marché du travail semble unique car il ne concerne qu'un seul type de produit offert : la **main-d'œuvre**. C'est un service qui peut prendre une forme manuelle ou intellectuelle. Les travailleurs ne sont pas interchangeables en raison des considérations de formation.

Spécificité du prix d'équilibre du marché du travail

■ Le prix du travail est le **salaire**. La rémunération minimale correspond au **SMIC**.

■ Concernant les échanges de biens, la variation des prix repose sur la **rareté** ainsi que sur l'importance de l'offre et de la demande :
– sur le marché du travail, lorsque les travailleurs qualifiés sont en petit nombre ou que la demande de travail est importante et que l'on ne trouve pas assez de personnel, la rémunération a tendance à augmenter car la **concurrence** joue (c'est le cas des artisans) ;
– à l'inverse, lorsque le **chômage** est élevé et que la demande de travail afflue, les employeurs peuvent fixer des rémunérations moindres, ou faire jouer la concurrence internationale en délocalisant.

VOIR AUSSI

- **Les déterminants de la demande de travail** *(fiche 2)*
- **La contrepartie du travail : le salaire** *(fiche 4)*

MOTS CLÉS

- **Marché du travail**
- **Population active**
- **Taux d'activité**

Spécificité juridique du marché du travail

■ Le marché du travail doit respecter les règles relevant du Code du travail (ex. : conditions d'embauche, de rémunération, conventions collectives).

Intervention des pouvoirs publics sur le marché du travail

■ L'État intervient sur le marché du travail de plusieurs manières :
– par l'intermédiaire de **Pôle emploi**, il organise la recherche de l'emploi : il prend des mesures en faveur de l'embauche (réduction des charges sociales, mise en place de contrats atypiques comme les contrats de génération) et interdit les discriminations à l'embauche (intégration des travailleurs handicapés) ;
– **il intervient sur le marché** en étant lui-même un employeur (services publics ou administrations) ;
– il effectue des contrôles par le biais des **inspecteurs du travail**.

3. Population active et taux d'activité

■ La **population active** est composée des personnes en âge de travailler, qui exercent un emploi (population active employée) ou qui en cherchent un (chômeurs). Elle représente l'offre de travail.

■ Le **taux d'activité** est le rapport entre la population active et la population totale : sur 63 millions de Français, la population active est d'environ 27 millions, soit un taux d'activité de 43 %.

TESTEZ-VOUS

A. Les demandes de travail émanent-elles des salariés ou des entreprises ?
B. Qu'appelle-t-on population active ?
C. Qu'est-ce que le taux d'activité de la population ?
D. Citez deux facteurs influençant ce taux d'activité.

Corrigés p. 119.

4. Évolution du taux d'activité

■ Le taux d'activité est influencé par :
– **l'élévation du taux d'activité des femmes** : 48 % travaillent ;
– **l'allongement de la scolarité** pour faciliter l'employabilité : l'entrée tardive dans la vie active diminue la population active des moins de 20 ans ;
– un **âge de la retraite** relativement bas (60 ans) mais qui va être repoussé à 42 ans de cotisation pour avoir droit à une pension complète (et on parle d'un nombre encore plus important d'années de cotisation) ;
– un **taux de fécondité** en hausse ces dernières années, ce qui permet le renouvellement de la population et le développement de la population active (en moyenne, en France, ce taux est de 2,1 enfants par femme, le plus fort de toute l'Europe).

LES DÉTERMINANTS DE LA DEMANDE DE TRAVAIL

2

1. La conjoncture économique

■ La demande de travail est liée au contexte économique. Le besoin de main-d'œuvre de l'entreprise est influencé entre autres par :
– l'importance de la demande et de la **croissance** : une économie en expansion est soutenue par une demande forte qui oblige à produire plus, donc à embaucher éventuellement ;
– le développement de secteurs porteurs dont il faut satisfaire la demande ;
– les progrès technologiques qui permettent d'améliorer la productivité et ne sont pas toujours favorables à court terme à l'emploi ;
– la **productivité** du travail.

2. L'évolution des secteurs d'activité

■ Le développement du **tertiaire** a entraîné un besoin de cadres, d'employés administratifs ou de commerciaux dans les services.
■ Ce besoin est accentué par le fait que les industries ont souvent recours à des **prestataires** de service, plutôt que d'accomplir elles-mêmes certaines tâches : sous-traitants pour leur comptabilité, leur publicité, l'entretien, le gardiennage des locaux…

3. La productivité

■ La **productivité** est le rapport entre une production de biens ou de services et les moyens qui ont été nécessaires pour sa réalisation (main-d'œuvre, énergie, machines, matières premières, etc.). Elle mesure l'efficacité avec laquelle une économie ou une entreprise utilise les ressources dont elle dispose pour fabriquer des biens ou offrir des services.
■ La productivité du travail est le rapport entre la quantité ou la valeur ajoutée de la production et le nombre d'heures nécessaires pour la réaliser : si une entreprise automobile fabrique 500 000 véhicules par an en employant 10 000 salariés, la productivité par travailleur est donc de 50 voitures par an (on peut aussi calculer une productivité par heure ou par jour de travail).
■ La durée du travail et sa productivité influencent le volume de main-d'œuvre nécessaire pour réaliser la production : si l'entreprise constate une baisse dans la durée du travail (passage aux 35 heures, développement du temps partiel, etc.), elle devra la compenser par une amélioration de la productivité pour stabiliser le besoin de main-d'œuvre dans l'entre-

prise, en utilisant des matériels plus perfectionnés par exemple.

4. Le coût du travail

■ L'entreprise sera incitée à **embaucher** si le coût du travail est faible (c'est le cas dans les pays dont la population est importante : 1,4 milliard de Chinois, 1,1 milliard d'Indiens). Dans les pays industrialisés, le niveau de chômage peut inciter le travailleur à accepter un salaire moindre.

■ L'entreprise aura tendance à **délocaliser** son activité si le coût du travail est élevé, car la concurrence internationale est forte et l'entreprise doit rester compétitive. De plus, des mesures comme un salaire minimum sont vues par certains chefs d'entreprises comme une entrave au bon fonctionnement du marché, empêchant les salaires de baisser. Mais lorsque le travailleur a des qualifications recherchées dans un domaine précis, l'employeur pourra faire un effort de rémunération.

5. La combinaison productive

■ L'entrepreneur aura à choisir entre deux combinaisons productives :
– l'une **très mécanisée**, utilisant beaucoup de machines et peu de personnel (solution retenue par les pays industrialisés où le coût du travail est élevé) ;
– l'autre **peu mécanisée**, mais utilisant beaucoup de main-d'œuvre (c'est la solution adoptée par les pays émergents comme la Chine ou l'Inde qui disposent d'une population importante et jeune).

6. Les qualités recherchées chez les travailleurs

■ Les entreprises ont besoin de personnels :
– **qualifiés** : le robot effectue les tâches répétitives, l'ouvrier surveille le robot, en effectue le réglage ou la réparation ;
– **polyvalents** : la spécialisation est un atout, mais l'ouvrier doit s'adapter aux changements rapides de l'environnement ;
– **flexibles** : elles recherchent la souplesse dans la gestion des effectifs en recourant de plus en plus à des emplois précaires.

VOIR AUSSI

• **Les principales explications du chômage** *(fiche 5)*

MOTS CLÉS

• **Croissance**
• **Productivité**
• **Coût du travail**

TESTEZ-VOUS

A. Quels facteurs externes influencent la demande de travail ?
B. Quels facteurs internes influencent la demande de travail ?
C. Que demande un employeur à son personnel ?

Corrigés p. 119.

LES CARACTÉRISTIQUES DE LA DEMANDE DE TRAVAIL

3

1. Les emplois types

Le contrat à durée indéterminée (CDI)

■ Le **contrat à durée indéterminée** offre au salarié la possibilité de travailler dans l'entreprise de manière continue, pour un temps non défini au départ (jusqu'à la retraite s'il le souhaite).

■ Le CDI est un contrat sans limitation de durée qui peut être conclu à temps plein ou à temps partiel entre un employeur et un salarié.

■ C'est la forme normale et générale de la relation de travail.

Caractéristiques du CDI

■ Les éléments essentiels qui composent le contrat de travail à durée indéterminée sont :
- l'identité des deux parties ;
- l'emploi occupé ;
- les horaires de travail ;
- la référence de la convention collective applicable ;
- la rémunération horaire ou forfaitaire.

■ Il peut être rompu sur décision de l'employeur (licenciement pour motif personnel, pour motif économique ou mise à la retraite), ou du salarié (démission ou départ à la retraite), ou encore pour une cause extérieure aux parties (ex. : cas de force majeure comme la destruction de l'entreprise). Sa rupture peut aussi résulter d'un accord des deux parties élaboré dans le cadre du dispositif de « rupture conventionnelle ».

2. Les contrats atypiques : les contrats précaires

■ Les contrats précaires ont été créés pour répondre à un besoin de flexibilité de l'entreprise.

Le contrat à durée déterminée (CDD)

■ Le **contrat à durée déterminée** permet à l'entreprise de pourvoir à un poste non durable, non lié à l'activité normale et permanente (ex. : remplacement d'un salarié absent ou malade, surcroît d'activité, emplois saisonniers...).

■ Un CDD ne peut permettre de pourvoir durablement à un emploi lié à une activité normale et permanente de l'entreprise. Conclu en dehors du cadre légal, il peut être requalifié en contrat à durée indéterminée par un tribunal à la demande du salarié, avec les indemnités de rupture afférentes.

Le contrat de travail temporaire (CTT)

■ Le **contrat de travail temporaire** met en relation l'entreprise à la recherche d'un travailleur temporaire et un salarié intérimaire mis à disposition par une agence de travail temporaire (ex. : Manpower) pour les mêmes cas que le CDD.

■ Le contrat de travail temporaire est un contrat signé entre 3 parties : un premier contrat (contrat de mise à disposition) est signé entre l'entreprise de travail temporaire et l'entreprise utilisatrice ; un second contrat est établi entre l'entreprise de travail temporaire et le salarié : c'est un contrat de mission.

Le travail à temps partiel

■ Le **travail à temps partiel** est la situation d'un travailleur qui fait moins que l'horaire normal de l'entreprise (ce n'est pas forcément un mi-temps). Cette forme devrait être toujours choisie par le salarié, mais elle est parfois imposée par l'entreprise.

3. Les particularités des contrats précaires

■ Les **contrats précaires** sont très encadrés par le droit car le législateur a surtout la volonté de les limiter :
– Ils doivent donc être écrits et préciser le motif du recours.
– Ils ne sont renouvelables qu'une fois et ils ne peuvent dépasser 18 mois, renouvellement compris.

■ De plus, si les travailleurs précaires ont les mêmes droits que le salarié en CDI, ils ont également droit à une **indemnité de précarité** de 10 % de leur rémunération brute globale pour compenser leur précarité.

■ Le cadre juridique offert par le CDD a permis la mise en place d'une série de contrats d'incitation à l'embauche : contrat de professionnalisation, d'apprentissage, etc.

VOIR AUSSI

- **Le contrat de travail** *(fiche 33)*
- **Les contrats de travail précaires** *(fiche 34)*
- **Les autres ruptures du contrat de travail** *(fiche 46)*

MOTS CLÉS

- **CDI**
- **CDD**
- **CTT**

TESTEZ-VOUS

A. Pourquoi dit-on que le CDI est le contrat de référence ?
B. Quelle est la particularité principale du CDD ?
C. Quelle est la particularité principale du CTT ?

Corrigés p. 119.

LA CONTREPARTIE DU TRAVAIL : LE SALAIRE

4

1. Définition du salaire

■ Le salaire est la contrepartie du travail : c'est la **rémunération** du travail.

■ Il représente un revenu qui permet au travailleur de satisfaire ses besoins et ceux de sa famille, mais il représente un coût pour l'entreprise qui recherche le profit. Son montant est donc un compromis entre le salarié qui recherche un pouvoir d'achat et l'employeur qui recherche un bénéfice et la pérennité de son entreprise.

■ En principe, le salaire est fixé librement dans le contrat de travail par accord entre l'employeur et le salarié, mais des contraintes légales ou conventionnelles interviennent dans sa détermination.

2. Les influences sur la détermination du salaire

La négociation collective

■ Le salaire est aujourd'hui fixé dans le cadre de **négociations collectives** pour chaque catégorie de salariés. Ces négociations sont réalisées entre les organisations syndicales de salariés et d'employeurs :
– Les **syndicats** de salariés veulent préserver le pouvoir d'achat de leurs membres, assurer une évolution identique à celle des revenus non salariaux et obtenir un meilleur partage des gains de productivité, mais ils ont aussi le souci de sauvegarder l'emploi et d'assurer la pérennité de l'entreprise, d'où la difficulté actuelle qu'ont les syndicats de salariés à aboutir à des accords avec la direction.
– Les **employeurs** doivent trouver un équilibre pour satisfaire les apporteurs de capitaux (verser des dividendes aux actionnaires) et assurer le développement de l'activité (garder une partie des bénéfices en réserve pour financer les investissements).

■ Ces négociations aboutissent à des **grilles de rémunération** qui fixent des minima par catégorie d'emploi et qui s'imposent aux employeurs.

■ Pour motiver le personnel, l'entreprise peut introduire une flexibilité du salaire : une partie peut être individualisée en tenant compte de critères propres au salarié (ancienneté, assiduité, performances…).

VOIR AUSSI

- **Les conditions de travail : le salaire** *(fiche 37)*

MOTS CLÉS

- **Salaire**
- **Négociation collective**
- **SMIC**
- **RSA**

TESTEZ-VOUS

A. Que représente le salaire par rapport au travail ?
B. Quel rôle joue la négociation collective dans la détermination des salaires ?
C. Quel rôle joue l'État dans la détermination des salaires ?

Corrigés p. 119.

Les contraintes légales et conventionnelles

■ L'État intervient dans la **fixation des salaires** en instaurant des règles protectrices pour ceux qui ont un travail (ex. : le SMIC qui assure un salaire minimum aux travailleurs) ou qui en sont privés (RSA, allocations chômage).

■ Il intervient également en limitant le recours aux emplois précaires afin de maintenir les revenus des travailleurs (le CDI doit rester la règle, le CDD l'exception).

■ Les choix économiques et sociaux liés à la redistribution nécessitent l'intervention de l'État qui joue le rôle d'arbitre et mène une politique de revenus par la fixation des revenus (pour les fonctionnaires ou les professionnels de la santé), la **création d'allocations** pour garantir un minimum de ressources aux plus démunis, un **relèvement du salaire minimum** ou la création du **RSA** (revenu de solidarité active) qui est un revenu versé pour assurer un minimum de ressources à une personne (ou un complément de revenu si la personne à une activité partielle).

Le SMIC

■ Le SMIC (**salaire minimum interprofessionnel de croissance**) a été créé pour maintenir le pouvoir d'achat des plus défavorisés.

■ Le SMIC est calculé sur 35 h par semaine et sa valeur est revue tous les six mois pour tenir compte de l'évolution des prix : il sera réévalué si la hausse des prix est supérieure à 2 %, mais c'est le gouvernement qui décide du pourcentage d'augmentation.

■ Au 1er janvier 2013, le SMIC mensuel brut est de 1 430,22 € et le SMIC horaire brut est de 9,43 €.

LES PRINCIPALES EXPLICATIONS DU CHÔMAGE

5

1. Définitions

Définition du chômage

■ Le chômage résulte de l'excédent de l'offre par rapport à la demande de travail.

Définition du chômeur

■ Selon le **BIT** (Bureau international du travail) : un chômeur est une personne sans emploi, disponible pour travailler immédiatement ou dans les 15 jours, à la recherche active d'un emploi rémunéré. Dans son évaluation, le BIT tient compte des personnes en chômage partiel ou saisonnier. Ses chiffres sont annuels.

■ Chaque année, l'**INSEE** publie les chiffres du chômage selon des critères plus restrictifs à partir des estimations de Pôle emploi qui évalue mensuellement le nombre de demandeurs d'emploi à partir des flux d'inscriptions et de radiations de ses listes : les DEFM (Demandeurs d'emploi en fin de mois) qui se définissent comme des personnes inscrites sur les listes de Pôle emploi en fin de mois et qui recherchent activement un emploi.

■ Les données sont corrigées en fonction des variations saisonnières car certaines périodes de l'année connaissent un afflux important de personnes sur le marché de l'emploi (à l'automne, l'arrivée des nouveaux diplômés sur le marché du travail ferait exploser les chiffres du chômage si on ne lissait pas ce pic de nouveaux entrants).

2. La situation actuelle du chômage

■ Le nombre de jeunes de moins de 25 ans au chômage a explosé depuis le début de la crise : +50 % en 5 ans, soit 780 100 personnes actuellement. La progression du nombre de seniors au chômage depuis le début de la crise est aussi impressionnante : +101 % en 5 ans (soit 978 200 personnes). La part des chômeurs de longue durée, les inscrits depuis plus d'un an, a progressé de 7,6 % en 5 ans. Un demi-million, soit un tiers d'entre eux, sont sans emploi depuis plus de 3 ans. 150 000 entrées chaque mois à Pôle emploi après une fin de CDD ou de mission d'intérim. Les salariés en CDI licenciés ne représentent qu'entre 2,5 et 3 % des inscriptions mensuelles contre plus de 30 % pour les fins de contrats précaires. Le nombre d'offres d'emploi collectées chaque mois est en chute libre : – 18,5 % sur un an. Il a reculé de 30 % depuis le début de la crise de 2008.

VOIR AUSSI

- Le marché du travail *(fiche 1)*

MOTS CLÉS

- Chômeur
- Chômage structurel
- Chômage conjoncturel

Évolution du nombre de demandeurs d'emploi inscrits à Pôle emploi, en France métropolitaine (en millions)

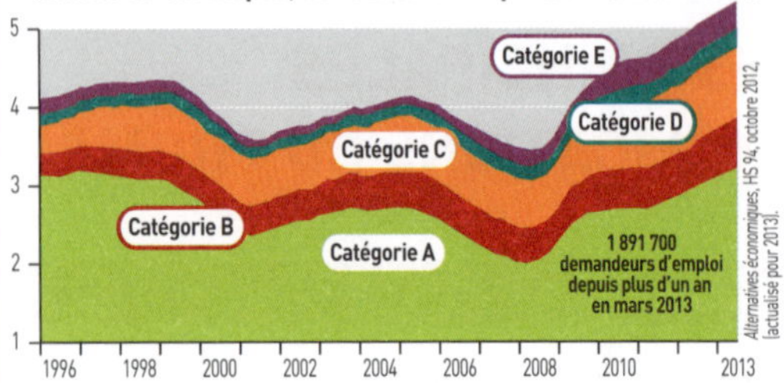

La catégorie A inclut les demandeurs d'emploi sans activité et les catégories B et C, ceux qui ont une activité réduite. Les catégories D et E incluent ceux qui ne sont pas tenus de rechercher un emploi (malade, en formation ou stage, contrat aidé).

3. Les principales causes du chômage

Le manque de flexibilité du marché du travail

■ Les employeurs considèrent que le SMIC est un coût trop lourd compte tenu de la faible productivité des personnes peu qualifiées. Lors de licenciements, l'employeur doit prévoir des indemnités et des mesures de reclassement. Il existe aussi des seuils d'effectifs entraînant des charges sociales ou de représentation du personnel supplémentaires pour l'entreprise (délégués du personnel si plus de 10 salariés et comité d'entreprise au-delà de 50 salariés).

L'insuffisance de la demande et de l'activité économique

■ Une faible croissance économique n'incite pas les entreprises à investir et à embaucher : on parle de **chômage conjoncturel**. La récession économique et la mondialisation ont entraîné une recherche de compétitivité qui oblige les entreprises à intégrer le progrès technique dans leur cycle de production, supprimant du personnel. Par ailleurs, l'économie se mondialise et la concurrence entre pays développés et pays en développement est très vive. L'exportation de produits à bas prix fabriqués par les pays émergents accentue la recherche de productivité et engendre des délocalisations vers ces pays à faible coût de main-d'œuvre.

■ Les entreprises demandent flexibilité et mobilité aux travailleurs qui ne peuvent pas toujours y répondre. Les demandes d'emploi ne sont donc pas satisfaites sur le plan géographique ou des compétences : on parle alors de **chômage structurel**.

TESTEZ-VOUS

A. Quelle est la principale différence entre l'évaluation du chômage par l'INSEE et celle de Pôle emploi ?
B. Quels éléments permettent de dire que le marché du travail manque de flexibilité ?
C. Distinguez chômage conjoncturel et structurel.

Corrigés p. 119.

LES INTERVENTIONS SOCIALES DE L'ÉTAT

6

1. Inégalités et justice sociale

Les raisons de l'intervention sociale de l'État

■ Jusqu'à la fin du XIXe siècle, les individus sans fortune personnelle étaient démunis devant les risques de l'existence que sont la maladie, la vieillesse, l'invalidité, le chômage...

■ Aujourd'hui encore, certaines personnes ne disposent pas du revenu nécessaire pour satisfaire leurs besoins vitaux, car l'exclusion et la pauvreté n'ont pas disparu de nos pays riches : 8,6 millions de personnes (1 Français sur 7) gagnent moins que le seuil de pauvreté (964 €) et, si l'éventail des salaires s'est un peu réduit par rapport aux années 1950-1960, la **fragilisation du travail** (précaire ou partiel) a creusé des écarts dans les revenus et développé une pauvreté même parmi les personnes qui travaillent. La **précarité** peut amener à la pauvreté et à l'exclusion si, en plus de l'instabilité de l'emploi, la personne cumule une qualification insuffisante, des problèmes familiaux (ex. : un divorce), de santé, de logement, de surendettement...

Notion de protection sociale

■ L'État a voulu couvrir les charges et les risques pesant sur les ménages résultant de situations complexes (maladie, vieillesse, décès, maternité, chômage, difficultés de logement, besoin de formation professionnelle, circonstances exceptionnelles – comme les catastrophes naturelles –).

■ Le but des interventions de l'État était d'assurer une couverture des risques liés à l'existence par la création de la Sécurité sociale et l'assurance chômage, de garantir un minimum vital et d'établir un minimum d'égalité entre les individus.

Logiques d'assurance et d'assistance

■ L'État intervient donc dans une **logique d'assistance** (ou de **solidarité**) quand il verse une allocation (ex. : le RSA) à une personne sans ressources, l'objectif étant de lutter contre la précarité. Dans ce cas, le versement des prestations n'est pas lié à une contribution de la part des bénéficiaires, mais est seulement soumis à des conditions de ressources.

■ L'État intervient dans une **logique d'assurance** quand les allocations versées par les pouvoirs publics dépendent des cotisations versées (ex. : indemnités journalières en cas de maladie, allocations de chômage ou retraite en fonction du salaire).

VOIR AUSSI

- L'efficacité de la politique sociale de l'État *(fiche 8)*

MOTS CLÉS

- Protection sociale
- Logique d'assistance
- Logique d'assurance
- Redistribution horizontale
- Redistribution verticale
- Traitement économique du chômage
- Traitement social du chômage

TESTEZ-VOUS

A. Justifiez les interventions de l'État dans le domaine social.
B. Distinguez logique d'assistance et logique d'assurance.
C. Distinguez redistribution horizontale et verticale.
D. Quelles solutions peut mettre en place l'État pour réduire le chômage ?

Corrigés p. 119.

2. Les modes d'intervention de la politique sociale

Notion de redistribution horizontale et verticale

■ La politique sociale poursuit des objectifs de réduction des inégalités, de justice et de solidarité. Pour cela, l'État met en œuvre cette correction de la situation initiale par l'attribution d'**allocations**.

■ Cette redistribution est :
– **horizontale** lorsqu'il y a transfert de ressources d'actifs vers des personnes atteintes par les risques sociaux : les bien-portants cotisent pour les malades, les actifs employés pour les chômeurs ou les retraités…
– **verticale** quand l'État cherche à réduire les inégalités de revenus (ex. : allocations familiales pour les ménages ayant des enfants…).

Un exemple de la politique sociale : le traitement social du chômage

■ Plusieurs solutions peuvent être envisagées pour réduire le chômage :
– réduire l'offre de travail en agissant sur la population active (allongement de l'âge de la scolarité, développement de la préretraite…) ;
– former, adapter les individus ;
– stimuler la demande de travail en réduisant (ou supprimant temporairement) les charges sociales, en déréglementant l'emploi, en aménageant et en partageant le temps de travail grâce au temps partiel…
– relancer l'activité économique par la consommation, la subvention des emplois, etc.

■ Ce sont des solutions pour un traitement économique du chômage mais elles ne sont pas simples à mettre en œuvre, car elles demandent du temps et des moyens. L'État doit se contenter d'un traitement social du chômage consistant à verser des allocations pour rendre moins douloureuse cette situation d'inactivité.

LE BUDGET SOCIAL DE L'ÉTAT

7

1. Le budget social

Notion de budget de l'État

■ Le **budget de l'État** correspond aux recettes et aux dépenses de l'État pour l'année suivante.

■ Les lois de finances déterminent, pour un exercice, la nature, le montant et l'affectation des ressources et des charges de l'État. L'ensemble des recettes couvre en théorie l'ensemble des dépenses. Recettes et dépenses sont regroupées sur un compte unique : **le budget général**.

■ Les ressources budgétaires de l'État comprennent des impositions de toute nature, communément appelées **recettes fiscales**, ainsi que d'autres produits, les **recettes non fiscales** (dividendes, remboursements de prêts et avances, revenus du domaine de l'État...). Les dépenses sont constituées par l'ensemble des charges budgétaires de l'État.

Les recettes du budget

■ Les recettes fiscales sont principalement :
- les **impôts sur la consommation**, notamment la taxe sur la valeur ajoutée (TVA) et des taxes spécifiques sur certains produits (ex. : la taxe intérieure sur les produits pétroliers ou TIPP (5 % des recettes), les taxes sur le tabac et les alcools, les taxes sur les appareils électroniques, etc.) ;
- les **impôts sur les revenus** ou IR (24 % des recettes) ;
- les **impôts sur les sociétés** ou IS (18 % des recettes) ;
- les **impôts sur le patrimoine** : taxes foncières (aujourd'hui perçues par les collectivités territoriales et non par l'État, même s'il s'occupe encore de leur perception), impôt de solidarité sur la fortune, etc.

Les dépenses publiques

■ Les dépenses effectuées par l'État et les collectivités locales sont nommées « **dépenses publiques** ». Elles sont divisées en quatre catégories :
- les dépenses de fonctionnement des services publics (ex. : création d'emplois dans la recherche et l'enseignement supérieur) ;
- les dépenses d'équipement ou d'investissement (ex. : achat d'équipement pour l'armée) ;
- les dépenses d'intervention dans les domaines social, économique et international (ex. : redistribution en faveur des chômeurs) ;
- le paiement des intérêts de la dette publique.

VOIR AUSSI

- **L'efficacité de la politique sociale de l'État** *(fiche 8)*

MOTS CLÉS

- **Budget social**
- **Sécurité sociale**
- **CSG**
- **CRDS**

Définition du budget social

Pour pouvoir verser des prestations, l'État agit par l'intermédiaire de la **Sécurité sociale** qui est alimentée par :
– les cotisations des salariés, employeurs et travailleurs indépendants (calculées sur les salaires pour les travailleurs ou le chiffre d'affaires réalisé pour les non salariés) ;
– les apports de l'État et des collectivités locales.

Les nouvelles politiques de financement cherchent à élargir la base des cotisations en prenant en considération l'ensemble des revenus des ménages et en créant des impôts pour le financement de la politique sociale comme la **CSG** (contribution sociale généralisée) ou la **CRDS** (contribution pour le remboursement de la dette sociale qui vise à combler le déficit de la Sécurité sociale).

2. La progressivité de l'impôt

Le budget social fait partie du budget général de l'État financé par :
– les impôts : impôt sur le revenu pour les particuliers et les entreprises individuelles, ou impôt sur les sociétés pour certaines sociétés (ex. : sociétés anonymes) qui représentent chacun entre 24 et 18 % des recettes ;
– les taxes : la TVA (principale ressource du budget : 47 % des recettes), droits de douane ;
– les cotisations qui sont à la fois patronales et salariales (le détail de leur montant figure sur le bulletin de paie du salarié).

On reproche souvent à la TVA de ne pas réduire les inégalités car, personnes aisées ou défavorisées, toutes paient la TVA lorsqu'elles consomment.

En revanche, **l'impôt sur les revenus** est le seul qui réduise les inégalités, car il fonctionne avec un barème : les personnes qui ont de petits revenus rendent une petite part à l'État, tandis que celles qui ont des revenus plus importants donnent une part plus conséquente. Des « **niches fiscales** » existent cependant, permettant d'échapper à l'impôt (cela prend la forme de crédits d'impôts ou d'abattements) même si la volonté du gouvernement actuellement est de tenter de les réduire.

TESTEZ-VOUS

A. Qu'appelle-t-on un budget ?
B. Quelle est la principale ressource de l'État ?
C. Quel reproche fait-on à la TVA ?
D. Quel est le seul impôt qui soit juste ?

Corrigés p. 119.

L'EFFICACITÉ DE LA POLITIQUE SOCIALE DE L'ÉTAT

8

1. L'efficacité en matière de réduction des inégalités de revenu

Intérêt du salaire minimum

■ Le **SMIC** est le principal instrument de l'État pour éviter de creuser les inégalités de revenu, mais sa marge de manœuvre est limitée car si on augmente trop le salaire minimum, on décourage l'embauche (les entreprises doivent prendre en compte la concurrence des pays émergents).

Les reproches à l'intervention de l'État

■ On reproche souvent aux interventions de l'État un manque d'efficacité, compte tenu des sommes énormes en jeu qui modifient peu les revenus disponibles des ménages. Les salaires les plus bas évitent une dégradation de leur situation grâce aux transferts, car les revenus sociaux (allocations) représentent en moyenne 30 % du revenu des ménages.

L'évolution des prélèvements

■ Les prélèvements proportionnels (TVA, CSG, CRDS) progressent beaucoup (surtout sur les salaires).

2. L'efficacité en matière de financement de la protection sociale

Le problème du financement de la Sécurité sociale

■ Le financement de la Sécurité sociale est problématique : le **déficit** est considérable (18 milliards d'euros en 2012 et 19,7 milliards prévus pour 2013) malgré les efforts pour réduire les dépenses.

■ Pour réduire le déficit, l'État prévoit des recettes nouvelles fondées sur quatre principes :
- la contribution de chacun en fonction de ses moyens ;
- le renforcement de la solidarité entre générations ;
- la promotion de la santé publique ;
- la sauvegarde des régimes de retraite.

■ Certaines prestations versées dépendent des cotisations passées (pensions de retraite, allocations chômage…), d'autres non (soins de santé, prestations familiales…). On observe également des progrès en matière de santé, d'espérance de vie, d'amélioration de la vie pendant la retraite.

VOIR AUSSI

- **Les interventions sociales de l'État** *(fiche 6)*

MOTS CLÉS

- **CSG**
- **CRDS**

TESTEZ-VOUS

A. L'État réussit-il à réduire les inégalités sociales ?
B. Quels sont les trois grands domaines problématiques de la Sécurité sociale ?
C. Qu'apportent les prestations sociales ou les minima sociaux aux ménages ?

Corrigés p. 119.

■ Les prestations permettent un soutien de la consommation et donc de l'activité économique (surtout chez les revenus modestes).

Le problème du financement des retraites

■ La France est confrontée au **vieillissement de la population** (les retraités représentent 16 % de la population aujourd'hui et 27 % en 2040).

■ Le besoin de financement des 33 régimes de retraite (général, fonctionnaires, non-salariés et spéciaux) devrait se creuser sous l'effet de la crise, passant de 14 milliards en 2011 à 21,3 milliards en 2017.

■ Pour ramener à l'équilibre les comptes des régimes d'ici à huit ans, trois scénarios sont possibles : augmenter les cotisations, baisser les pensions ou reporter l'âge de départ moyen à la retraite.

Le problème du financement de l'assurance chômage

■ Les ASSEDIC (Association pour l'emploi dans l'industrie et le commerce), qui financent l'assurance chômage, ont aussi des problèmes de financement, car le chômage reste élevé (plus de 3 millions de chômeurs, environ 10 % de la population active).

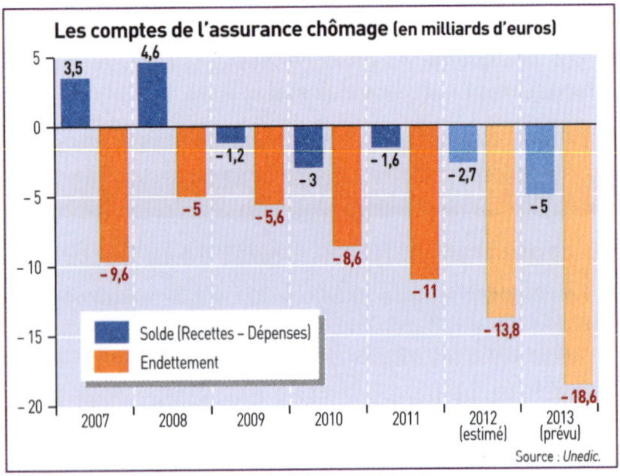

■ Une augmentation des prélèvements obligatoires est donc nécessaire pour répondre aux besoins engendrés par la crise (baisse des recettes dues à des licenciements), mais l'aggravation des charges sociales engendre des arbitrages capital-travail défavorables à l'emploi à moins de faire porter l'effort uniquement sur les salariés…

L'ÉCONOMIE SOCIALE ET SOLIDAIRE

9

1. Le constat

La progression de la pauvreté et des inégalités

- De nos jours, environ **8,6 millions de personnes** vivent en dessous du seuil de pauvreté (964 €, soit 60 % du revenu médian).
- Le niveau de vie des Français a baissé : l'écart entre les plus riches et les plus pauvres s'est creusé et ces derniers ont perdu 3 % de pouvoir d'achat, alors que les plus riches ont gagné 2 %.
- Les plus touchés sont les chômeurs et leurs enfants, car les jeunes contribuent pour les deux tiers à l'augmentation du nombre des individus pauvres.

Une protection sociale toujours insuffisante

- Le maintien du chômage à un très haut niveau (environ 10 %) explique en partie cette dégradation, mais il faut y ajouter la reprise de l'inflation.
- Les **prestations familiales** ne sont plus revalorisées de nos jours.
- Les **minima sociaux** sont insuffisants pour garantir des conditions de vie convenables (le RSA représente moins de la moitié du seuil de pauvreté) et les dépenses obligatoires pour le loyer, l'eau, l'électricité ou le téléphone ont une part croissante dans le budget des ménages, ce qui peut engendrer un endettement et un risque de devenir SDF.

2. Principes de l'économie sociale et solidaire

Définition

- **L'économie sociale et solidaire** regroupe un ensemble de coopératives, mutuelles, associations, syndicats et fondations, fonctionnant sur des principes d'égalité des personnes (1 personne = 1 voix, à la différence des sociétés, où le nombre de voix est proportionnel à l'apport effectué), de solidarité entre membres et d'indépendance économique. L'économie sociale englobe donc un large éventail de groupes communautaires, de bénévoles et d'activités sans but lucratif. Leur but est d'aider les individus pour leur éviter de tomber dans la pauvreté, leur permettre de réaliser des projets...

Les principes de l'économie sociale et solidaire

- L'économie sociale a sa propre éthique, qui se traduit par les principes suivants :

– un statut de personne privée ;

VOIR AUSSI

- **L'efficacité de la politique sociale de l'État** *(fiche 8)*

MOTS CLÉS

- **Économie sociale et solidaire**
- **Commerce équitable**

TESTEZ-VOUS

A. Définissez l'économie sociale et solidaire.
B. Quelle est la finalité de l'économie sociale et solidaire ?
C. Citez deux formes d'organisation sociale et solidaire.

Corrigés p. 119.

– la mise en avant de l'homme sur le capital ;
– un secteur économique à part entière qui œuvre sur le marché, mais avec ses propres principes ;
– l'indivisibilité des réserves qui constituent un patrimoine collectif et impartageable ;
– une finalité explicite au service de la collectivité : on met en avant l'intérêt général et l'utilité sociale ;
– un ancrage territorial ou sectoriel.

Les formes de l'économie sociale et solidaire

■ Ce sont par exemple :
– les **AMAP** (Associations pour le maintien d'une agriculture paysanne) qui visent à préserver une agriculture durable, socialement équitable (fixation d'un prix « juste »), écologiquement saine et permettant à l'agriculteur d'obtenir un revenu décent ;
– les **SEL** (Systèmes d'échange local) qui favorisent les échanges commerciaux locaux sans échange de monnaie (souvent des échanges de services) ;
– la **SCIC** (Société coopérative d'intérêt collectif) qui permet d'associer autour d'un même projet des acteurs multiples : salariés, bénévoles, usagers, collectivités publiques, entreprises, associations, particuliers...

■ Dans les échanges internationaux, le **commerce équitable** se définit comme un partenariat commercial entre importateurs et consommateurs de pays industrialisés et de producteurs de pays du Sud. En France, il est réalisé par des fédérations comme Artisans du Monde ou des associations, comme Max Havelaar.

■ Dans le domaine monétaire, la **finance solidaire** vise l'accroissement du capital, tandis que la micro-finance est parfois un simple instrument pour prêter à une population pauvre sans garantie pour le système bancaire.

■ L'épargne solidaire est (ré)investie dans des activités relevant de l'économie sociale et solidaire.

Le poids de l'économie sociale et solidaire

■ Les **coopératives** (ex. : Crédit agricole) représentent 63 millions de membres et 370 milliards d'euros de chiffre d'affaires.

■ Les **mutuelles d'assurance ou de prévoyance** (ex. : MMA, MGEN) ont 47 millions de sociétaires, couvrent 25 millions de personnes et ont un chiffre d'affaires de 62 milliards d'euros.

■ Les **associations** ont 40 millions d'adhérents et emploient 3 millions de salariés.

LES RAISONS DE L'INTERVENTION DE L'ÉTAT

10

1. Les degrés de l'intervention de l'État

La régulation des marchés

■ L'État prend en charge des services collectifs (école, police, justice), réalise une politique industrielle, soutient la recherche et le développement. Son intervention doit permettre une meilleure **redistribution** des ressources que celle résultant du libre jeu du marché.

La redistribution des richesses

■ L'État redistribue les richesses pour réduire les inégalités et promouvoir une protection sociale : il peut modifier la répartition des revenus qui résulte du marché en versant des revenus de transfert et en développant la protection sociale.

La régulation de l'activité économique

■ L'État intervient pour corriger les dysfonctionnements du marché comme le chômage, l'inflation, le déficit des échanges extérieurs, la récession, etc.

2. Le constat de l'irrégularité de l'activité économique

Notion de cycle économique

■ L'activité économique n'est pas régulière, elle n'est qu'une succession de fluctuations, de phases de croissance (d'expansion) et de ralentissements (de récession, voire de dépression).

■ On parle de cycle économique pour décrire l'alternance entre expansion et récession (ou dépression) :
- L'**expansion** se caractérise par un accroissement de la production, une période où tous les indicateurs économiques (production, emploi, salaires, consommation, profits, investissements) sont à la hausse.
- La **crise** est une brusque rupture de ce mouvement de croissance (ex. : la crise de 1929 ou la crise des *subprimes* de 2008).
- La **récession** s'analyse comme une diminution passagère de l'activité, qui peut aller jusqu'à la dépression (chute importante et durable de l'activité sur plusieurs années). Une récession apparaît souvent lors d'une crise économique et, si elle empire, cela devient une dépression économique.

VOIR AUSSI

• **Les politiques économiques de l'État** *(fiche 12)*

MOTS CLÉS

• **Redistribution**
• **Cycle économique**
• **Expansion**
• **Crise**
• **Récession**
• **Reprise**

TESTEZ-VOUS

A. Quelles sont les trois raisons essentielles de l'intervention de l'État dans l'économie ?
B. Qu'appelle-t-on cycle économique ?
C. Citez les différentes phases d'un cycle économique.

Corrigés p. 119.

– La **reprise** viendra quand des innovations apparaîtront, quand les entreprises dépassées auront fermé ou se seront reconverties, quand l'investissement reprendra avec la consommation.

■ Les raisons des variations de l'activité sont classées en trois catégories :
– une **cause interne** : c'est l'accroissement du stock de capital suite à une baisse des taux d'intérêt, une évolution du partage de la valeur ajoutée (des actionnaires trop favorisés par rapport aux salariés par exemple), des innovations technologiques (source de chômage entraînant une moindre consommation de la part de ces personnes privées d'emploi) ;
– une **cause externe** : ce peut être le ralentissement de l'activité chez le principal partenaire économique qui se propage sur l'activité du pays (ex. : l'impact du ralentissement de l'économie américaine sur le reste du monde), une instabilité politique (souvent à la veille d'une élection, les entreprises remettent leur projet d'investissement, attendant de connaître la tendance du nouveau gouvernement) ;
– une **cause financière** : la croissance de l'activité entraîne une hausse des crédits accordés aux entreprises qui investissent, et aux ménages qui consomment. Quand l'activité ralentit, les agents économiques veulent se désendetter, ce qui accentue la dépression.

L'action de l'État

■ L'État pourra intervenir pour empêcher que la récession ne se transforme en dépression : il soutiendra l'emploi pour enrayer la montée du chômage (ex. : des mesures en faveur des jeunes ou des seniors), subventionnera les entreprises sur des secteurs porteurs ou en difficulté...

■ L'État peut aussi laisser le marché s'autoréguler, revenir naturellement à un équilibre.

LES THÉORIES SUR LE RÔLE DE L'ÉTAT

11

1. Le libéralisme

Les principes du libéralisme

■ Le libéralisme repose sur la théorie de l'**équilibre général** qui tente de démontrer la rationalité des acteurs, dont les actions sont coordonnées par le marché, et conduit à une situation optimale. Pour obtenir cette situation optimale, le marché doit présenter cinq caractéristiques :
– l'**atomicité des agents** : aucun d'entre eux ne doit être assez important pour influencer le marché par son seul comportement. Ceci suppose un nombre élevé d'offreurs ou de demandeurs, mais aussi l'absence d'un « gros » agent capable d'agir sur le marché ;
– l'**homogénéité des produits** : les produits ont tous des caractéristiques identiques et seul le prix permet de les distinguer ;
– la **transparence du marché** : l'information est supposée parfaite ; tous les prix, producteurs, quantités disponibles sont connus de tous ;
– la **libre entrée sur le marché** : aucune barrière juridique (brevet), technique (savoir-faire) ou économique (capitaux) ne s'oppose à l'entrée du producteur sur le marché ;
– la **mobilité des facteurs** : en fonction du prix qui rémunère chaque facteur, les agents peuvent réorienter leurs capitaux ou leur travail vers les activités et les secteurs les plus rémunérateurs.

■ Les agents économiques agissent rationnellement, recherchant la satisfaction maximale compte tenu des ressources dont ils disposent.

Notion d'État gendarme

■ Comme le libre jeu des agents économiques aboutit à un optimum économique, les économistes dits « libéraux » (leur chef de file était Adam Smith) en déduisent que l'État ne doit pas intervenir dans le fonctionnement du marché sous peine de dégrader la situation globale : l'État doit se limiter à soutenir le bon fonctionnement du marché et à assurer l'ordre et la sécurité du pays. On parle dans ce cas d'un **État gendarme** garant des libertés individuelles :
– liberté d'entreprendre : exercer l'activité que l'on souhaite ;
– liberté de contracter : passer des contrats (contrat de vente, de travail...) et garantir leur bonne exécution ;
– protection de la propriété privée des moyens de production.

2. L'interventionnisme

Notion d'État providence

■ Certains économistes dits « interventionnistes » (leur chef de file est Keynes) considèrent que l'État doit assurer une régulation plus efficace que celle émanant du libre jeu du marché et doit donc intervenir à chaque fois que l'investissement privé est défaillant. Il est le seul à pouvoir sortir le pays d'une crise économique (ex. : la crise de 1929) : on parle dans ce cas d'un **État providence**.

Les principes de l'interventionnisme (ou keynésianisme)

■ Le **keynésianisme** est une école de pensée économique fondée par l'économiste britannique John Maynard Keynes. Pour les keynésiens, les marchés laissés à eux-mêmes ne conduisent pas forcément à l'optimum économique : l'État a donc un rôle dans le domaine économique, dans le cadre d'une politique de relance.

■ Les variations de la demande ont une grande influence sur la production et l'emploi (plus que les prix) et les salaires réagissent lentement aux changements de l'offre et de la demande, d'où la nécessité de politiques de stabilisation pour soutenir l'emploi.

■ La **demande** dépend des anticipations des entrepreneurs qui cherchent à offrir la quantité optimale de biens ou de services (on l'appelle **demande effective**). Le sous-emploi résulte d'anticipations pessimistes sur l'avenir.

■ Le **salaire** n'est pas seulement un coût, mais aussi le déterminant de la demande : toute baisse du salaire entraîne une diminution de la demande et, par conséquent, une baisse de la production. Pour Keynes, une demande effective insuffisante va déterminer une offre qui ne correspondra pas à une situation de plein emploi. Pour lui, le chômage est involontaire.

■ L'**investissement** dépend du taux d'intérêt et de l'efficacité marginale du capital : si l'efficacité marginale est supérieure au taux d'intérêt, l'entreprise investira ; dans le cas contraire, il vaudra mieux placer l'argent. Donc, plus le taux d'intérêt est faible, plus les entreprises auront tendance à investir.

■ L'intérêt de la théorie keynésienne est macro-économique (car tous les éléments sont en interdépendance) et Keynes a vu appliquer ses théories par une politique de relance pour sortir les États-Unis de la grande crise de 1929.

VOIR AUSSI

• **Les raisons de l'intervention de l'État** *(fiche 10)*

MOTS CLÉS

- **Libéralisme**
- **Keynésianisme**
- **État gendarme**
- **État providence**
- **Efficacité marginale du capital**

TESTEZ-VOUS

A. Quelle est la base de la théorie libérale ?
B. Qu'appelle-t-on « État gendarme » ?
C. Quelle est la base de la théorie keynésienne (ou interventionniste) ?
D. Qu'appelle-t-on « État providence » ?

Corrigés p. 119.

LES POLITIQUES ÉCONOMIQUES DE L'ÉTAT

12

1. Notion de politique économique

Définition

■ Une politique économique est l'ensemble des actions mises en œuvre par les pouvoirs publics pour atteindre des objectifs économiques ou sociaux.

Les types de politiques économiques

■ Une politique économique est **conjoncturelle** quand l'objectif est d'agir sur les fluctuations économiques : elle a donc un objectif à court terme.

■ Une politique économique est **structurelle** quand l'objectif est de modifier en profondeur le fonctionnement de l'économie : elle a donc un objectif à long terme.

2. Les politiques conjoncturelles

Les objectifs d'une politique conjoncturelle

■ Les objectifs d'une politique conjoncturelle correspondent à des finalités telles que la croissance, l'emploi, la solidarité, la justice sociale, l'amélioration du niveau de vie.

■ Ils apparaissent à travers des grandeurs mesurables comme :
- la **croissance économique**, déterminée par le taux de croissance du PIB ;
- l'**équilibre extérieur**, mesuré par le solde de la balance des paiements courants (exprimé en pourcentage du PIB) ;
- la **stabilité des prix**, évaluée par le taux d'inflation ;
- l'**emploi**, apprécié par le taux de chômage (en pourcentage de la population active).

Les réalisations des politiques conjoncturelles

■ L'État essaie de contrôler ces quatre grands équilibres connus sous le nom de « **carré magique** », établi par Nicholas Kaldor. L'État ne peut intervenir en même temps sur ces quatre éléments : il doit donc choisir son domaine d'intervention, tout en tenant compte de leur interdépendance et des effets pervers des mesures prises sur les autres secteurs (ex. : la lutte contre l'inflation augmente le chômage).

■ Ces choix dépendent des conceptions économiques et sociales du gouvernement qui est soit libéral soit interventionniste.

VOIR AUSSI

- **Les raisons de l'intervention de l'État** *(fiche 10)*
- **La politique budgétaire de l'État** *(fiche 13)*
- **La politique monétaire de l'État** *(fiche 14)*

MOTS CLÉS

- **Carré magique**
- **Politique conjoncturelle**
- **Politique structurelle**
- **Trente glorieuses**

TESTEZ-VOUS

A. Définissez la politique économique d'un État.
B. Caractérisez une politique conjoncturelle.
C. Caractérisez une politique structurelle.

Corrigés p. 119.

Carré magique de Kaldor : France 2008 et 2012

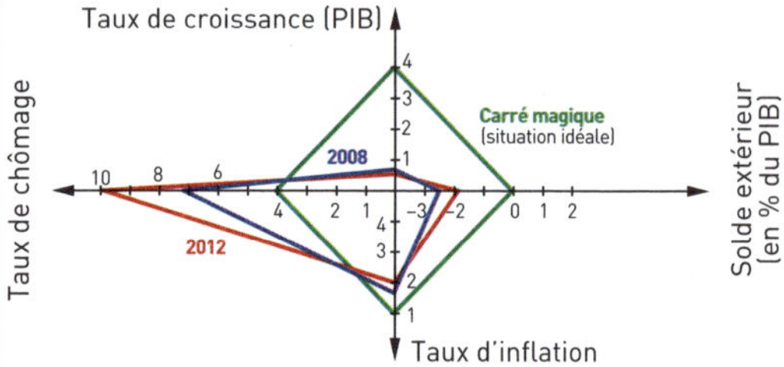

Les types de politiques conjoncturelles

Il existe deux grands types de politique conjoncturelle : une politique de relance et une politique de rigueur.

La **politique de relance**, d'inspiration keynésienne, stimule la croissance et lutte contre le chômage. Cette politique développe les tensions inflationnistes (la demande de biens augmente, mais l'offre reste fixe à court terme, d'où une montée des prix), mais dégrade la balance commerciale (augmentation des biens importés car la production ne peut augmenter en un jour, à moins que les entreprises aient des stocks importants).

La **politique de rigueur** privilégie la lutte contre l'inflation, l'assainissement financier et la réduction du déficit extérieur. En voulant atteindre ces deux objectifs, cette politique peut amener un ralentissement de la croissance (par une diminution de l'investissement public par exemple), mais aussi une augmentation du chômage (moins de consommation entraîne moins de production, donc moins de personnel).

3. Les politiques structurelles

Les objectifs

■ La politique structurelle demande des bouleversements dans l'organisation des marchés, le tissu économique, l'aménagement du territoire, la formation, la recherche et l'innovation, le modèle social, l'environnement.

Les réalisations

■ Pour favoriser la croissance, les gouvernements ont pratiqué des politiques structurelles :
- pendant les Trente Glorieuses, période de l'après-guerre caractérisée par une croissance forte avec des mesures comme les nationalisations (des entreprises privées passent sous le contrôle de l'État) ou la création de la Sécurité sociale ;
- ou depuis la crise des années 1970, des mesures comme les privatisations (rendre au secteur privé des entreprises nationalisées), la déréglementation des marchés financiers...

LA POLITIQUE BUDGÉTAIRE DE L'ÉTAT

13

1. Définition et justifications

Définition

■ La politique budgétaire est l'ensemble des mesures prises par l'État pour orienter l'activité économique en s'appuyant sur le budget qui regroupe l'ensemble des recettes et des dépenses de l'État pour l'année suivante.

■ Sa structure reflète les priorités économiques du gouvernement : la ventilation des dépenses par fonctions permet de connaître les domaines dans lesquels l'État va agir (éducation, santé, recherche, défense). Ce sont les États qui décident de leur politique budgétaire dans l'Union européenne.

Les justifications théoriques

■ Pour les **libéraux**, le budget doit être neutre, équilibré pour ne pas gêner le fonctionnement du marché. Il doit donc réduire, voire supprimer, son déficit.

■ Pour les **keynésiens**, le budget doit être un instrument de la politique économique, car le déficit permet de soutenir l'activité économique. Les investissements supplémentaires amènent une hausse du revenu national plus importante que la dépense initiale. L'investissement crée une demande et une production nouvelle, des emplois, des impôts supplémentaires (TVA, impôt sur le revenu...). Si l'État utilise ces revenus supplémentaires pour revaloriser les salaires faibles, cela relancera la machine économique, car l'envie de consommer des personnes à faible revenu est forte.

2. Les dangers de la politique budgétaire

L'effet désincitatif sur le travail

■ Si les revenus sont trop lourdement taxés, les ménages vont réduire leur offre de travail et se tourner vers le travail clandestin (travail au noir). Comme la base imposable diminue, les recettes fiscales augmentent moins que prévu, ce qui ne permet plus de financer les dépenses envisagées.

VOIR AUSSI

- **Le budget social de l'État** *(fiche 7)*
- **Les théories sur le rôle de l'État** *(fiche 11)*
- **L'UE et les contraintes de la politique budgétaire** *(fiche 15)*

MOTS CLÉS

- **Politique budgétaire**
- **Effet d'éviction**
- **Politique de relance**

TESTEZ-VOUS

A. Définissez la politique budgétaire d'un État.
B. Citez un danger de la politique budgétaire.
C. Citez un moyen d'action de la politique budgétaire.

Corrigés p. 119.

La fuite des capitaux

■ La pression fiscale peut inciter les contribuables à s'exiler pour bénéficier d'une fiscalité plus avantageuse (vers la Belgique, Monaco ou la Suisse).

La charge de la dette publique

■ C'est le 2e poste de dépense du budget (18 % du total des dépenses) et parfois des États doivent emprunter pour rembourser leur dette.

Les anticipations des agents économiques

■ Une **politique de relance** entraîne souvent une hausse de l'épargne, car les agents anticipent la hausse des impôts.

L'effet d'éviction

■ Financer le déficit budgétaire par une création monétaire peut entraîner de l'inflation ou un effet d'éviction en faveur du secteur public car l'épargne du secteur privé va se tourner vers les emprunts publics émis (souvent à des taux rémunérateurs)

Les contraintes européennes (voir fiche 15)

3. Les moyens d'action pour une politique efficace

■ Pour une politique de relance efficace, l'État doit agir par :
– une **augmentation des dépenses publiques** : pour encourager la consommation et l'investissement, créant un effet d'entraînement pour le reste de l'économie ;
– une **baisse des recettes fiscales**, augmentant le pouvoir d'achat des ménages et stimulant la consommation ;
– la **fiscalité** : pour aider certains agents économiques (ex. : prime à la casse du gouvernement Sarkozy pour soutenir le secteur automobile, TVA à 5,5 % dans le bâtiment ou la restauration...).

■ L'État peut faire aussi une politique de stabilisation, en luttant par exemple contre l'inflation.

LA POLITIQUE MONÉTAIRE DE L'ÉTAT

14

1. Définition et objectif

Définition

■ La **politique monétaire** est l'ensemble des mesures destinées à agir sur les conditions de financement de l'économie : elle doit fournir aux agents économiques les liquidités dont ils ont besoin, tout en veillant à la stabilité de la monnaie. Elle est mise en œuvre par la banque centrale du pays (ex. : Banque de France).

Objectif

■ Son objectif est de contrôler l'évolution de la masse monétaire et celle des taux d'intérêt pour maîtriser l'inflation et maintenir les grands équilibres économiques. Elle doit freiner la croissance de la masse monétaire pour maîtriser l'inflation, tout en la laissant suffisamment croître pour éviter la récession.

2. Les instruments de la politique monétaire

Action sur les taux d'intérêt directeurs

■ Quand les banques ont besoin de liquidités, elles peuvent emprunter auprès de la banque centrale à un taux connu d'avance. Si ce taux augmente, la banque répercutera la hausse sur le client pour conserver son bénéfice. Cela rendra plus cher le crédit.

■ On les appelle **taux directeurs**, car la banque centrale dirige indirectement le crédit en augmentant ou baissant ces taux pour rendre le crédit cher ou attractif.

Les opérations d'*open market*

■ Ces opérations permettent de piloter les taux d'intérêt, de gérer les liquidités sur le marché monétaire, d'orienter la politique monétaire. La banque centrale intervient directement sur le marché monétaire en achetant ou en vendant des devises ou des titres : si elle en vend, elle soustrait des liquidités, l'argent devient plus rare et cela augmente le taux d'intérêt (c'est la situation inverse quand elle achète des titres ou des devises).

Les réserves obligatoires

■ Les réserves obligatoires sont un pourcentage de leurs encaisses que les banques doivent laisser sur un compte non rémunéré auprès de la banque centrale. Si le pourcentage est élevé, cela réduit les possibilités de crédit pour les banques ; s'il est faible, cela encourage le crédit.

■ **Actuellement ce taux est faible** (5 % environ).

3. Les dangers de la politique monétaire

■ Les **taux directeurs** sont les taux d'intérêt fixés par une banque centrale qui accorde des crédits à court terme aux banques commerciales en manque de liquidités. Ce taux influencera donc le taux accordé aux particuliers ou aux entreprises qui voudront emprunter et aussi le taux de change, car une hausse de ces taux améliore la rentabilité des prêts, ce qui attirera l'investisseur. La demande étant forte, la valeur de la monnaie augmentera.

■ Le niveau des taux d'intérêt dépend aussi de ceux pratiqués par les autres pays.

4. Les moyens d'action pour une politique efficace

■ L'État doit trouver le juste milieu entre :
- freiner la croissance de la masse monétaire pour maîtriser l'inflation ;
- laisser croître la masse monétaire pour éviter la récession.

■ Pour contrôler l'évolution de la masse monétaire afin de maîtriser l'inflation et de maintenir les grands équilibres économiques, l'État pourra jouer sur les taux d'intérêt directeurs, mais, depuis la réforme de 1993, les banques centrales des différents pays de la zone euro (Banque de France par exemple) sont devenues indépendantes de l'État et elles décident de la politique monétaire européenne au sein de la BCE (Banque centrale européenne).

VOIR AUSSI

- **Les politiques économiques de l'État** *(fiche 12)*
- **L'UE et les contraintes de la politique monétaire** *(fiche 16)*

MOTS CLÉS

- **Politique monétaire**
- **Taux directeurs**
- ***Open market***
- **Réserves obligatoires**

TESTEZ-VOUS

A. Définissez la politique monétaire d'un État.
B. Qui met en œuvre la politique monétaire dans le pays ?
C. Citez un moyen d'action de la politique monétaire.
D. Qui décide de la politique monétaire européenne ?

Corrigés p. 120.

L'UE ET LES CONTRAINTES DE LA POLITIQUE BUDGÉTAIRE

15

1. Le financement du déficit budgétaire

■ Quand un État veut injecter des capitaux dans l'économie par des grands travaux d'infrastructure, ou réaliser une orientation de la fiscalité pour encourager des activités, cela peut avoir des effets négatifs sur certains éléments.

Les effets négatifs sur les finances publiques

■ Si les recettes n'augmentent pas, l'État devra financer le déficit public par l'emprunt, ce qui augmentera la **dette publique**, réduisant ainsi la marge de manœuvre des gouvernements (en France, la dette publique atteint les 1 800 milliards d'euros).

Les effets négatifs sur le marché monétaire

■ L'incitation à produire entraîne une demande de monnaie qui peut amener une hausse des taux d'intérêt, car la monnaie en circulation devient rare.

Les effets négatifs sur le commerce extérieur

■ Si l'offre n'est pas adaptée à la demande intérieure de consommation, cela peut déclencher une hausse des importations qui entraînera une dégradation, voire un déficit, du commerce extérieur.

2. Les solutions possibles pour éviter les déséquilibres

Une pression fiscale plus forte

■ Augmenter la pression fiscale risque de nuire à l'activité économique étant donné que le revenu disponible des individus diminue.

La réduction des dépenses publiques

■ Une réduction des dépenses publiques, de fonctionnement principalement (par exemple en réduisant le nombre de fonctionnaires ou en gelant leur rémunération), est une façon de garder des ressources disponibles pour soutenir ou développer l'activité économique.

Le recours à l'emprunt

■ Quand l'État emprunte, il doit se méfier de ne pas trop s'endetter : le pays doit assurer ses remboursements sinon il risque une dégradation de

VOIR AUSSI

- **La politique budgétaire de l'État** *(fiche 13)*

MOTS CLÉS

- **Dette publique**
- **Dette souveraine**
- **Pacte budgétaire**

son indice de solvabilité (le fameux AAA des agences de notation). Les pays dégradés (Grèce ou Espagne) sont obligés d'emprunter à des taux plus élevés, ce qui accentue leur endettement.

■ Le pays court le risque de voir les capitaux privés prêtés à l'État plutôt qu'aux entreprises, ce qui nuit à l'activité économique.

■ On nomme « **dette souveraine** » l'emprunt émis ou garanti par un « émetteur souverain » (État ou Banque centrale). Elle peut être formée de crédits bancaires, de prêts d'autres États (ou institutions officielles) et de titres d'emprunts émis par le Trésor public d'un pays. Elle dépend de la qualité des émetteurs (un État est plus solvable qu'une entreprise) : les possibilités de remboursement sont liées aux performances économiques, à la bonne gestion budgétaire et à la capacité fiscale.

3. Les critiques apportées aux solutions

■ Ces mesures devaient améliorer la compétitivité des entreprises, lutter contre le chômage, permettre la cohésion des économies (surtout européennes).

■ Les critiques des politiques de relance ont débouché sur des mouvements de libéralisation prônant un retour à la régulation naturelle par les marchés, ce qui a amené des privatisations, une déréglementation du marché du travail, une baisse des prélèvements obligatoires, etc.

4. La solution européenne

■ Un **pacte budgétaire** (ou Traité sur la stabilité, la coordination et la gouvernance) fixe de façon permanente à la politique budgétaire, un déficit structurel inférieur à 0,5 % du PIB, hors effet de conjoncture (circonstances exceptionnelles entraînant une chute de l'activité), mais il permet à l'État d'étaler dans le temps la réduction de son déficit actuel.

■ Cela vient en complément des règles contraignantes de la politique monétaire qui impose, sous peine de sanctions, une limitation du déficit budgétaire à 3 % du PIB et une dette publique inférieure à 60 % du PIB.

TESTEZ-VOUS

A. Sur quels éléments le déficit budgétaire a-t-il de l'influence ?
B. Citez une solution pour éviter un déséquilibre budgétaire.
C. Définissez l'expression « dette souveraine ».
D. Que veut faire l'Union européenne concernant les déficits budgétaires dans les années à venir ?

Corrigés p. 120.

L'UE ET LES CONTRAINTES DE LA POLITIQUE MONÉTAIRE

16

1. L'organisation de la politique monétaire

Définition

■ La mise en place de l'euro a réduit les possibilités d'intervention des États dans l'économie, car la politique monétaire est maintenant établie par la Banque centrale européenne (BCE) depuis 1999, les banques centrales des pays membres de la zone euro étant chargées d'appliquer la politique décidée par la BCE.

L'organisation de la BCE

■ Les organes de décision de la BCE sont les suivants :
- le **Directoire** : six membres qui en assurent la gestion quotidienne ;
- le **Conseil des gouverneurs**, qui définit la politique monétaire de la zone euro et fixe les taux d'intérêt des banques commerciales qui empruntent des fonds auprès de leur banque centrale. Il se compose des 6 membres du Directoire et des gouverneurs des 17 banques centrales de la zone euro ;
- le **Conseil général**, qui est consulté par la BCE et aide les nouveaux pays souhaitant adopter l'euro. Il est composé du président et du vice-président de la BCE, ainsi que des gouverneurs des banques centrales nationales des 27 États membres de l'Union européenne (28 au 1er juillet 2013).

■ La BCE est totalement indépendante. Ni la BCE, ni les banques centrales nationales de l'**eurosystème** ne peuvent solliciter ou accepter d'instructions d'un autre organisme. Les institutions de l'Union européenne et les gouvernements ne doivent pas solliciter ou influencer la BCE.

La zone euro

■ 17 États membres de l'Union européenne utilisent l'euro comme monnaie :
- depuis 1999, douze pays ont satisfait les critères de convergence pour adopter l'euro : l'Allemagne, l'Autriche, la Belgique, l'Espagne, la Finlande, la France, l'Irlande, l'Italie, le Luxembourg, les Pays-Bas, le Portugal et la Grèce (intégrée après des efforts importants) ;
- d'autres pays ont adopté l'euro : la Slovénie (en 2007), Chypre et Malte (en 2008), la Slovaquie (en 2009), l'Estonie (en 2011) et la Croatie.

2. Les principes

Les objectifs de la BCE

■ La Banque centrale européenne est l'une des institutions de l'Union européenne. Ses principaux objectifs sont de :

VOIR AUSSI

- **La politique monétaire de l'État** *(fiche 14)*

MOTS CLÉS

- **BCE**
- **Directoire**
- **Conseil des gouverneurs**
- **SEBC**
- **Eurosystème**

TESTEZ-VOUS

A. Présentez l'organisation de la Banque centrale européenne.
B. Combien de pays composent la zone euro ?
C. Quel est l'objectif principal de la BCE ?
D. Quel problème principal rencontre la BCE ?

Corrigés p. 120.

– **maintenir la stabilité des prix** (maîtriser l'inflation), d'après le traité de Maastricht. Elle se fixe deux objectifs intermédiaires pour y parvenir : la stabilité de la monnaie et la maîtrise de la masse monétaire. Le pacte européen de stabilité, adopté en 2012, confirme cet objectif ;
– **maintenir la stabilité du système financier**, en veillant à assurer une surveillance appropriée des institutions et des marchés financiers.

■ La BCE travaille en collaboration avec les banques centrales des 27 États membres de l'Union européenne. Ensemble, elles forment le **Système européen de banques centrales** (SEBC).

■ La BCE coordonne également l'étroite coopération entre les banques centrales au sein de la zone euro, qui regroupe les dix-sept États membres de l'Union européenne ayant adopté l'euro. Cet espace de coopération entre un nombre restreint de banques centrales est appelé l'« **eurosystème** ».

Les missions de la BCE

■ Les tâches principales de la BCE sont les suivantes :
– fixer les taux directeurs au sein de la zone euro ;
– contrôler la masse monétaire ;
– gérer les réserves de devises étrangères des pays de la zone euro ;
– garantir une surveillance des institutions et des marchés financiers par les autorités nationales ;
– autoriser les banques centrales des pays de la zone euro à émettre des billets libellés en euros ;
– surveiller l'évolution des prix et évaluer le risque qu'elle représente pour la stabilité des prix.

3. Les problèmes

■ Comme la BCE doit tenir compte de la diversité des situations économiques des membres de la zone euro (des pays comme la Grèce ou l'Espagne sont très endettés), l'efficacité de cette politique est moindre.

■ Un projet d'**union bancaire** où la BCE aurait le pouvoir de surveiller les banques à la place des banques centrales nationales, de garantir les dépôts et d'intervenir en cas de crise majeure a été adopté en 2012, ce qui est une révolution et un pas de plus dans l'intégration européenne.

DES ÉCHANGES INTERNATIONAUX MULTIPOLAIRES

17

1. L'ouverture des économies

La justification des échanges

■ Aucun pays n'a tous les biens nécessaires à la satisfaction des besoins de sa population. Seuls les États-Unis ont pratiquement toutes les ressources, mais ils préfèrent faire des échanges pour préserver leurs stocks.

La nature des échanges

■ Les échanges sont :

- **économiques** : ils concernent les biens et services ou les capitaux ;
- **humains** : ce sont les flux d'émigration et d'immigration à caractère définitif ou temporaire (ex. : travailleurs frontaliers) ;
- **technologiques** : ils regroupent les cessions de brevets d'invention, la coopération technique, les investissements à l'étranger ;
- **intellectuels** : ils englobent la recherche, les programmes de l'Union européenne (Euréka, Erasmus) ou de l'ONU.

2. L'évolution des échanges

Évolution globale

■ Les échanges ont connu une croissance supérieure à celle de la production mondiale (dans la seconde moitié du XXe siècle, les échanges ont été multipliés par 30, alors que la production n'a été multipliée que par 10). Cette croissance s'est poursuivie malgré la crise des années 1970.

■ On a assisté à une **internationalisation des échanges**, c'est-à-dire au développement des échanges entre les nations, puis à la mondialisation des échanges qui s'est traduite par un effacement des frontières et la création d'un grand marché mondial où les États, les entreprises et les individus se sont retrouvés en concurrence.

Évolution sectorielle

■ Auparavant, les échanges concernaient surtout les produits primaires (2/3 des échanges) et aujourd'hui, 60 % des échanges portent sur des produits manufacturés, 20 % sur des matières premières et 20 % sur les services.

Évolution par pays

■ Le commerce international concerne surtout les pays développés (2/3 des échanges y ont lieu) et en particulier dans la zone appelée « **la Triade** » : l'Amérique du Nord, l'Union européenne et l'Asie du Sud-Est (autour du Japon) qui concentrent 90 % du commerce mondial. À l'intérieur

VOIR AUSSI

- **Les pôles d'échanges internationaux** *(fiche 20)*

MOTS CLÉS

- **Triade**
- **Termes de l'échange**

de cette zone, les échanges sont intenses : plus des 2/3 des exportations européennes se font vers d'autres pays membres de l'Union européenne.

■ Les pays en développement se marginalisent (surtout l'Afrique), sauf ceux qui se sont industrialisés : la Corée du Sud, Taïwan, le Brésil, l'Inde, la Chine... Les pays du Sud échangent principalement avec ceux du Nord et peu entre eux. Pour assurer leur développement, ils doivent importer des produits manufacturés. Pour financer leurs achats, ils exportent des matières premières, des produits primaires dont les prix augmentent moins vite que ceux des produits importés, ce qui induit une dégradation des termes de l'échange pénalisant ces pays pauvres et accentuant leur dépendance commerciale.

3. Les termes de l'échange

■ Les termes de l'échange correspondent au rapport entre le prix des produits exportés et celui de produits importés.

$$\text{Termes de l'échange} = \frac{\text{Indice des prix des exportations}}{\text{Indice des prix des importations}} \times 100$$

■ Si les termes de l'échange sont supérieurs à 100, il y a **amélioration** des termes de l'échange, car les prix des produits exportés ont augmenté plus vite que ceux des produits importés. Dans le cas contraire, il y a **dégradation**.

■ Un pays qui subit une dégradation de ses termes de l'échange paraît s'appauvrir, puisqu'il doit vendre de plus en plus de marchandises pour acheter la même quantité de marchandises importées. Il se peut que la baisse de ses prix soit due à d'importants gains de productivité : il faut donc moins de temps de travail pour produire les marchandises qu'il exporte, ce qui lui permet de baisser ses prix à l'exportation.

■ On constate une réelle dégradation des termes de l'échange au détriment des pays exportateurs de matières premières : la faible augmentation de la demande, la multiplication des producteurs, la banalité des biens exportés et l'intense concurrence qui règne sur les marchés font que les prix unitaires tendent à baisser au-delà de ce que pourraient expliquer les seuls gains de productivité. La spécialisation dans les matières premières est peu porteuse d'espoirs de développement.

TESTEZ-VOUS

A. De quelle nature sont les échanges internationaux ?
B. Qu'appelle-t-on la Triade ?
C. Comment calcule-t-on les termes de l'échange ?

Corrigés p. 120.

LES FIRMES MULTINATIONALES

18

1. Les conditions favorables à l'internationalisation

La justification de l'internationalisation

■ Pour de nombreuses entreprises, le cadre national est souvent insuffisant, notamment en raison de la saturation sur le marché intérieur ou la demande insuffisante, de la règlementation trop restrictive et de l'existence d'une concurrence trop forte qui empêche la réalisation des objectifs de l'entreprise.

La division internationale du processus productif

■ Si la production d'un bien peut être décomposée en plusieurs étapes, les entreprises vont rationaliser la production en fabriquant les éléments dans plusieurs pays en tenant compte du fait que les éléments ne demandent pas le même niveau de qualification de la main-d'œuvre, la même maîtrise technologique et la même spécialisation des machines.

■ Pour réduire leur coût de production, les FMN s'implantent ou sous-traitent en choisissant le pays d'accueil en fonction des avantages qu'il procure à chaque étape de la production :
- facilités d'approvisionnement ;
- main-d'œuvre disponible et abondante ;
- qualification, savoir-faire ;
- proximité du marché acheteur ;
- infrastructures disponibles (ports, aéroports, autoroutes...).

■ Ce processus correspond à la **division** (ou décomposition) **internationale du processus productif** (DIPP).

Les facteurs favorables à la conquête de nouveaux marchés

■ L'ouverture de l'entreprise sur les marchés extérieurs nécessite l'existence préalable de **conditions favorables** comme des moyens financiers, matériels (une capacité de production), humains, une avance technologique, une expérience acquise sur son propre marché, des informations détenues sur le marché visé (démographie, niveau de vie, nature de la concurrence, particularités culturelles, goûts des consommateurs).

2. L'importance des firmes multinationales

■ Une **firme multinationale** (FMN) est une entreprise implantée dans plusieurs pays par l'intermédiaire de **filiales**. Un financement international et

VOIR AUSSI

- **Les pôles d'échanges internationaux** *(fiche 20)*

MOTS CLÉS

- **FMN**
- **DIPP**

des dirigeants de nationalités différentes sont aussi des caractéristiques de la multinationale.

■ Les FMN ont une puissance financière considérable et sont difficilement contrôlables à cause des **échanges intragroupes** (entre filiales). 70 000 FMN contrôlent 600 000 filiales et représentent le quart de la production mondiale.

■ Les deux tiers du commerce mondial sont assurés par les FMN, avec un tiers des **échanges intra-firmes** (entre filiales d'une même FMN).

3. Effets des stratégies des FMN

Effets dans le pays d'accueil

■ L'implantation de la FMN est **facteur de croissance** car :
- elle représente un potentiel d'emplois et de développement ;
- elle est source de devises, de capitaux *via* la création d'emplois ;
- elle augmente la productivité dans le pays en créant des entreprises ;
- elle contribue à la diffusion de la technologie et du savoir-faire ;
- elle favorise la communication à l'échelle mondiale.

■ Mais elle présente des inconvénients :
- elle tente souvent d'installer une domination économique et politique par sa volonté d'influencer et de maîtriser le marché ;
- elle élimine les entreprises nationales moins productives ;
- elle montre une certaine indifférence aux politiques nationales, menaçant de partir quand un État d'accueil prend des mesures de taxation contre elle.

Effets dans le pays d'origine

■ Les effets de la stratégie d'une FMN sont très contrastés :
- des suppressions d'emplois avec les délocalisations et des investissements qui auraient pu être menés sur le territoire national ;
- à long terme, ces implantations peuvent développer les exportations et une demande supplémentaire en provenance des pays d'accueil ;
- certaines entreprises pratiquent aujourd'hui la relocalisation car les produits fabriqués à l'étranger sont souvent de mauvaise qualité.

TESTEZ-VOUS

A. Pourquoi une entreprise cherche-t-elle à s'internationaliser ?
B. Qu'appelle-t-on une FMN ?
C. Pourquoi la multinationale est-elle bien accueillie ?
D. Pourquoi critique-t-on l'entreprise qui délocalise ?

Corrigés p. 120.

LA MESURE DES ÉCHANGES INTERNATIONAUX

19

1. La balance des transactions courantes

Définition

■ La **balance des transactions courantes** enregistre :
- les importations et les exportations de biens et de services ;
- les revenus des investissements reçus ou versés ;
- les revenus versés à des non-résidents et reçus par des personnes travaillant à l'étranger ;
- les dons et aides fournis ou reçus.

La balance des paiements

■ La balance des transactions courantes est l'élément le plus important de la balance des paiements, qui est un document comptable qui rassemble les flux économiques, financiers et monétaires intervenus au cours d'une période (l'année) entre un pays et le reste du monde.

2. Le commerce extérieur français

Ses forces

■ La France est le 6e exportateur mondial et le 5e importateur mondial. Elle a des atouts comme :
- les produits agroalimentaires ;
- les produits de haute technologie (ex. : l'aérospatiale) ;
- les biens d'équipement : équipements professionnels, électroménager, électronique grand public... ;
- le tourisme (plus de 7 % du PIB).

Ses faiblesses

■ Depuis une quinzaine d'années, la France perd des parts de marché.

■ L'euro, plus fort que le dollar, fait que les importations paraissent moins chères, mais cela renchérit les exportations et, puisque le pays vend moins, l'avantage lié à l'euro fort ne profite pas au pays.

■ Les exportations ne sont pas assez orientées vers les pays émergents qui ont les plus forts taux de croissance (2 % d'exportation contre 9 % pour l'Allemagne vers les pays asiatiques).

■ Seuls les grands groupes français exportent, il y a trop peu de PME qui tentent l'international.

■ Enfin, la France reste très dépendante sur le plan énergétique (surtout le pétrole) : des efforts sont faits pour réduire cette dépendance, mais l'augmentation des cours annulent les efforts.

Les déboires du commerce extérieur

D'excédentaire jusqu'en 2005, le solde du commerce extérieur français est devenu déficitaire (–43 milliards d'euros en 2011).
Les premiers contributeurs aux excédents commerciaux en 2011 ont été l'aéronautique (+17,7 milliards d'euros), suivi de l'agroalimentaire (+ 11,4 milliards, aux quatre cinquièmes dus aux produits du terroir : cognac, champagne, vins et fromages AOC) et des produits de luxe (+8,3 milliards, notamment les sacs à main).
La dégradation impressionnante des échanges industriels n'est pas seulement imputable aux déboires des constructeurs automobiles français et à leur choix de localiser de plus en plus leurs sites de production dans des pays à bas coûts (8,4 milliards d'euros de déficit en 2011, contre 10 à 12 milliards d'excédents au début des années 2000).
La perte de compétitivité frappe de nombreuses filières, notamment dans les biens d'équipement.

Sa localisation

■ La France réalise près des 2/3 de ses échanges avec les autres membres de l'UE, son principal client étant l'Allemagne (pour ¼ des exportations). Les échanges sont facilités par l'euro et le libre-échange instauré dans la zone.

VOIR AUSSI

- **Les pôles d'échanges internationaux** *(fiche 20)*
- **Les pratiques d'échanges commerciaux** *(fiche 21)*
- **L'UE : intégration économique réussie** *(fiche 23)*

MOTS CLÉS

- **Balance des transactions courantes**

TESTEZ-VOUS

A. Dans quel document comptable enregistre-t-on les échanges internationaux ?
B. Citez deux points forts du commerce extérieur français.
C. Citez deux points faibles du commerce extérieur français.
D. Qui sont les principaux partenaires de la France ?

Corrigés p. 120.

LES PÔLES D'ÉCHANGES INTERNATIONAUX

20

1. L'union européenne

■ L'Union européenne est une puissance économique car :
- sa **population** lui offre un grand marché intérieur : 503 millions d'habitants répartis sur 4 millions de km^2 (les États-Unis comptent 312 millions d'habitants et le Japon 127 millions) ;
- un **PIB global important** : 16 257 milliards de dollars en 2010 contre 14 256 aux États-Unis et 5 067 au Japon ; mais un PIB par habitant plus faible que les deux autres puissances à cause de cette population importante (27 255 dollars contre 46 436 aux États-Unis et 32 443 au Japon) ;
- une **stabilité des prix** qui favorise les échanges ;
- un **commerce extérieur** qui la place au 1er rang mondial : 1er exportateur mondial et 2e importateur avec une faible ouverture sur le monde, car les 2/3 des exportations se font de façon intracommunautaire.

2. L'ALENA

■ Par un traité de 1994, les États-Unis, le Canada et le Mexique ont instauré une zone de libre-échange, l'ALENA (Accord de libre-échange nord américain) qui vise à éliminer les barrières douanières et à faciliter les échanges entre ces trois pays, à assurer une concurrence équitable et à augmenter les occasions d'investissement dans la zone, mais aussi à protéger les droits de la propriété intellectuelle (brevets d'invention) et l'environnement.

■ Les exportations mexicaines et canadiennes vers les États-Unis ont plus que triplé, mais la crise de 2008-2010 les a fait chuter.

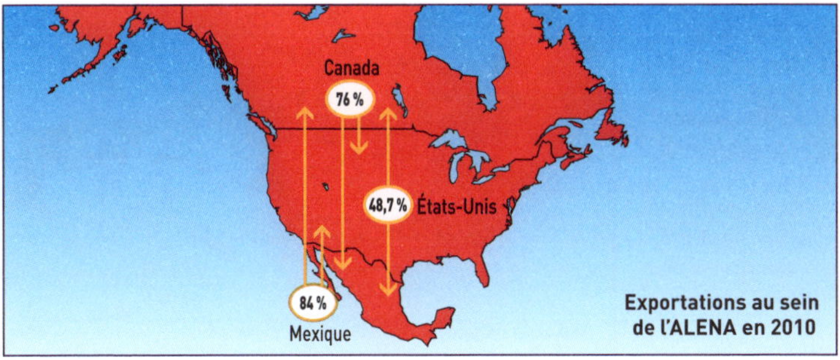

Exportations au sein de l'ALENA en 2010

VOIR AUSSI

- **Les pratiques d'échanges commerciaux** *(fiche 21)*
- **La régionalisation des échanges** *(fiche 22)*
- **L'UE : intégration économique réussie** *(fiche 23)*

MOTS CLÉS

- **UE**
- **ALENA**
- **Mercosur**
- **ASEAN**

TESTEZ-VOUS

A. Quelle est la zone de libre-échange la plus importante ?
B. Citez les pays membres de l'ALENA.
C. À quel continent appartiennent les pays membres du Mercosur ?
D. À quel continent appartiennent les pays membres de l'ASEAN ?

Corrigés p. 120.

3. Le Mercosur

■ Créé en 1991, mais entré en vigueur en 1995, le Mercosur regroupe l'Argentine, le Brésil et l'Uruguay (le Paraguay vient d'être exclu en 2012) et deux membres associés (le Chili et la Bolivie).

■ Contrairement à l'ALENA ou à l'UE, les pays membres du Mercosur échangent moins entre eux. En 2010, 16 % des exportations du Mercosur ont été destinées au Mercosur : 11,4 % des exportations du Brésil, 28,6 % des exportations de l'Uruguay, 40 % des exportations du Paraguay et 25 % des exportations de l'Argentine ont été dirigées vers leurs partenaires au sein du Mercosur.

4. L'ASEAN

■ L'ASEAN (Association des nations de l'Asie du Sud-Est) ou ANASE est une organisation politique, économique et culturelle fondée en 1992 et qui regroupe l'Indonésie, la Malaisie, les Philippines, Singapour, la Thaïlande, le Brunéi, le Vietnam, le Laos, la Birmanie et le Cambodge.

Pays de l'ASEAN

LES PRATIQUES D'ÉCHANGES COMMERCIAUX

21

1. Le libre-échange

Principes

■ Le libre-échange repose sur le principe du « **Laissez faire, laissez passer** ». Il amène une liberté totale du commerce et l'interdiction des mesures qui feraient obstacle à cette liberté (ex. : les barrières tarifaires ou non tarifaires).

Les avantages du libre-échange

■ Les aspects positifs sont :
– une amélioration de la compétitivité au niveau du prix et de la qualité ;
– des économies d'échelle par un accroissement de la spécialisation (on aboutit à une division internationale du travail) ;
– une croissance économique tirée par les exportations, ce qui permet l'accès à de nouveaux marchés ;
– une amélioration du pouvoir d'achat des consommateurs due à une concurrence accrue ;
– la création de zones de libre-échange qui visent à développer les échanges entre partenaires afin d'augmenter la croissance ou le développement de ses membres.

Les inconvénients du libre-échange

■ Les aspects négatifs du libre-échange sont :
– une pratique accrue du *dumping* qui consiste à exporter un produit à un prix inférieur à son coût de production afin d'augmenter ses ventes ;
– la création d'ententes ou de monopoles à cause de la spécialisation des pays (dans les cas de mono-exportations) ;
– une perte d'indépendance du pays, car il s'est spécialisé dans la production où il est le plus compétitif et il dépend donc de la demande de ce produit.

2. Le protectionnisme

Justification

■ Le protectionnisme est une pratique selon laquelle le marché national doit être protégé.

■ Pour protéger ses industries naissantes de la concurrence d'industries étrangères plus compétitives, un pays en développement va instaurer des

VOIR AUSSI

- **L'organisation des échanges internationaux** *(fiche 24)*

MOTS CLÉS

- **Libre-échange**
- ***Dumping***
- **Protectionnisme**
- **Barrière tarifaire**
- **Contingentement**
- **Embargo**

droits de douane temporaires, le temps qu'elles soient capables d'affronter la concurrence internationale : on parle alors de « **protectionnisme éducateur** ».

■ Les pays développés utilisent le protectionnisme pour des industries vieillissantes, afin de leur laisser le temps de se restructurer ou de se reconvertir, mais aussi pour protéger l'emploi contre la concurrence des pays à faible coût de main-d'œuvre : on parle dans ce cas de « **protectionnisme défensif** ».

Moyens utilisés

■ L'État peut adopter des mesures :
– **tarifaires** : les droits de douane (taxes perçues lors du passage des importations à la frontière et qui renchérissent ces importations) ;
– **non tarifaires** : contingentement (quotas ou limitation autoritaire des quantités importées), embargo (interdiction totale d'échanger avec un pays) ou restrictions volontaires d'exportations (engagement d'un pays de limiter ses exportations vers un autre pays).

Avantages

■ Une maîtrise de la contrainte extérieure : le pays vise une réduction des importations ou un redressement de la balance du commerce extérieur.

■ La sauvegarde ou la modernisation de secteurs en difficulté dans le cas d'un protectionnisme défensif.

■ La réduction des dépenses budgétaires liées au soutien de l'emploi, car en important moins, on va leur substituer des produits nationaux qu'il faut produire, ce qui développera l'emploi.

Inconvénients

■ Un dirigisme de l'État qui impose ces règles protectionnistes.

■ Un renchérissement des importations (s'il y a droits de douane).

■ Des mesures de rétorsion : les pays taxés diminuent leurs achats puisque leurs ventes dans le pays diminuent.

■ Une perte d'emploi dans les secteurs exportateurs du pays qui vendent moins.

■ Des subventions à l'exportation ou à la production qui vont déséquilibrer le budget national.

■ Le développement de rivalités entre les entreprises subventionnées du pays et les autres.

TESTEZ-VOUS

A. Quelle est la base du libre-échange ?
B. Citez un avantage et un inconvénient du libre-échange.
C. Qu'appelle-t-on protectionnisme éducateur ?
D. Citez deux moyens utilisés par le protectionnisme.

Corrigés p. 120.

LA RÉGIONALISATION DES ÉCHANGES

22

1. L'intégration économique

■ Des pays proches géographiquement se regroupent pour faciliter les échanges entre eux car le commerce international se développe plus vite dans un environnement géographique et économique déterminé qu'avec le reste du monde.

■ On parle d'**intégration économique** quand des pays se groupent pour constituer un espace économique où les échanges seront libres. Cette intégration est plus ou moins poussée.

2. Les différentes formes d'intégration économique

■ Les **zones de libre-échange** visent à supprimer ou à réduire les barrières tarifaires ou non tarifaires qui ralentissent les échanges, chaque pays conservant ses tarifs douaniers vis-à-vis des pays extérieurs. C'est le cas de l'ALENA.

■ Les **unions douanières** sont des zones de libre-échange avec une politique extérieure commune instaurant un Tarif extérieur commun (TEC). C'est, par exemple, la CEE (Communauté économique européenne), créée en 1957, devenue une union douanière en 1968.

■ Le **marché commun** est une union douanière avec la libre circulation des biens, des services, des hommes et des capitaux, comme le Mercosur.

■ Les **unions économiques** sont les organisations les plus élaborées car, au sein d'un marché commun, les politiques économiques et monétaires sont communes. L'Union européenne en est le meilleur exemple.

3. Un exemple d'intégration économique régionale : l'UE

Le Traité fondateur : le traité de Rome

■ Après l'expérience de la CECA (Communauté européenne du charbon et de l'acier) en 1951, six pays (Allemagne, France, Italie, Belgique, Luxembourg et Pays-Bas) signent le traité de Rome en 1957, qui crée la CEE (Communauté économique européenne), instaurant un marché commun pour les produits industriels.

■ Cela se traduit par :
- la suppression des droits de douane ;
- la mise en place d'un tarif extérieur commun pour les produits venant de l'extérieur.

VOIR AUSSI

- **Les pôles d'échanges internationaux** *(fiche 20)*
- **L'UE : intégration économique réussie** *(fiche 23)*

MOTS CLÉS

- **Intégration économique**
- **Zone de libre-échange**
- **Union douanière**
- **Marché commun**
- **Union économique**
- **Traité de Rome**
- **Acte unique européen**
- **Traité de Maastricht**

TESTEZ-VOUS

A. Qu'appelle-t-on « intégration économique » ?
B. Quelle est la différence entre une zone de libre-échange et une union douanière ?
C. Qu'apporte l'union économique à un marché commun ?
D. Quel est le traité fondateur de l'Europe et de quand date-t-il ?

Corrigés p. 120.

L'avancée de l'acte unique européen

■ L'**acte unique européen** de 1986 lance l'idée d'un marché unique pour 1993 avec :
- la suppression des frontières physiques (plus de postes de douane) ;
- la libre circulation des biens, des services, des hommes et des capitaux ;
- la liberté des travailleurs et des entreprises de s'implanter dans les pays de l'Union ;
- une harmonisation des normes.

L'achèvement avec le traité de Maastricht

■ Le **traité de Maastricht** de 1992 voit naître l'idée :
- d'une Union économique et monétaire (UEM) qui vise l'instauration d'une monnaie unique ;
- d'une Union Politique (UP) qui prône la citoyenneté européenne ;
- d'une politique extérieure de Sécurité commune (PESC) ;
- d'une coopération juridique et policière (qui ne sera pas acceptée par tous).

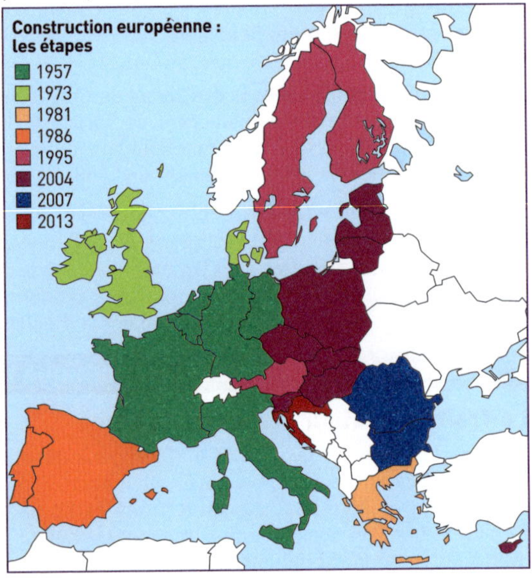

L'UE : INTÉGRATION ÉCONOMIQUE RÉUSSIE

23

1. Le succès grandissant de l'UE

■ Au groupe des fondateurs, se sont joints successivement : la Grande-Bretagne, l'Irlande, le Danemark en 1973 ; la Grèce en 1981 ; l'Espagne et le Portugal en 1986 ; l'Autriche, la Finlande et la Suède en 1995 ; Chypre, Malte, la Pologne, la Hongrie, la République tchèque, la Slovaquie, la Slovénie, l'Estonie, la Lettonie, la Lituanie le 1er mai 2004 ; la Bulgarie et la Roumanie en 2007.

■ L'Union européenne est composée de 27 pays et d'autres veulent aussi l'intégrer (la Croatie en juillet 2013 et plus tard, le Monténégro, la Macédoine).

2. Les réalisations de l'UE : les politiques communes

La PAC (politique agricole commune)

■ La **PAC** est la plus ancienne des politiques (1962). Elle a permis à l'Union européenne de devenir la 2e puissance agroalimentaire mondiale derrière les États-Unis en organisant :

- la **libre circulation des produits agricoles** ;
- la **préférence communautaire** : priorité aux produits communautaires et instauration d'un tarif douanier extérieur commun ;
- des **prix communs** définis chaque année.

■ Son ambition était d'accroître la productivité, d'assurer un niveau de revenu équitable aux agriculteurs, de garantir la sécurité des approvisionnements et de maintenir des prix raisonnables.

■ Mais la PAC absorbait une trop grande part du budget européen, les revenus agricoles restaient faibles et les disparités régionales persistaient. Plusieurs réformes ont donc été engagées pour limiter son coût. La dernière accorde une aide unique en tenant compte de critères environnementaux et de sécurité alimentaire.

La politique monétaire

■ Depuis 2002, **l'euro** est la monnaie unique dans 17 pays (12 au départ) qui n'ont plus à changer de monnaie pour circuler dans les pays de la zone euro.

■ Une **politique monétaire commune** qui concerne ces 17 pays de la zone euro, est établie par la BCE (Banque centrale européenne) dont le but est d'assurer la stabilité de la monnaie. Cela correspond à une perte d'autonomie pour les économies nationales, mais l'euro s'est imposé comme une monnaie de référence face au dollar sur les marchés internationaux.

VOIR AUSSI

- **Les pôles d'échanges internationaux** *(fiche 20)*
- **La régionalisation des échanges** *(fiche 22)*

MOTS CLÉS

- **PAC**
- **Politique monétaire**

Les autres politiques

- Une politique de la concurrence interdit les monopoles, les abus de position dominante, les ententes et contrôle les concentrations pour maintenir la concurrence.
- Une politique régionale, pour aider les régions les plus défavorisées.
- Une politique de l'environnement pour améliorer la qualité de vie.
- Une politique de défense.
- Une politique de coopération policière (Europol) pour lutter contre le terrorisme, les trafics...
- Une politique de la pêche fixe des quotas de pêche pour éviter le pillage des mers.
- Une politique de recherche pour développer les technologies d'avenir (ex. : Euréka).
- Une politique de l'éducation développe la coopération entre universités (Erasmus), l'apprentissage des langues (Lingua), les échanges d'enseignants (Comenius).
- Une politique de l'industrie oriente la spécialisation des entreprises, aide les secteurs de pointe et restructure les entreprises en déclin.
- Une politique des transports.
- Une charte sociale définit les droits sociaux (droit à l'emploi, égalité homme-femme) avec des objectifs ambitieux (plein emploi, protections sociales harmonisées).
- Une politique des télécommunications, etc.

TESTEZ-VOUS

A. Pourquoi peut-on parler de réussite avec l'Union européenne ?
B. Quelle est la 1re politique commune réalisée en Europe ?
C. Citez deux autres politiques communes.
D. Citez deux problèmes restant à résoudre dans l'Union européenne.

Corrigés p. 120.

3. Les problèmes restants à résoudre

- Un chômage important (plus de 10 %).
- Une dépendance énergétique, surtout au niveau du pétrole (l'Union importe plus de la moitié de l'énergie qu'elle utilise).
- Une spécialisation industrielle contestable : des succès dans l'aérospatiale, l'agroalimentaire, les transports (Airbus), mais aussi des activités de haute technologies déficitaires et des activités traditionnelles délocalisées (ex. : le textile).
- Les performances en matière de recherche et de développement sont inférieures à celles des États-Unis ou du Japon (moins de brevets d'invention déposés) et l'Union consacre moins de moyens aux secteurs d'avenir (ex. : technologies de l'information).
- Les nouveaux arrivants sont des pays en transition, manquant d'infrastructures, avec des déficits commerciaux importants mais ayant du potentiel.

L'ORGANISATION DES ÉCHANGES INTERNATIONAUX

24

1. Le GATT, ancêtre de la régulation

Définition et principes

■ Le **GATT** (*General agreement on tariffs and trade*; Accord général sur les tarifs et le commerce) est un accord commercial signé entre les pays développés en 1947, dans le but de libéraliser les échanges entre pays et d'harmoniser les politiques douanières.

■ Il se base sur trois grands principes :
- l'absence de discrimination entre les pays membres ;
- l'absence de discrimination entre les produits (*dumping* et subventions à l'exportation sont interdits) ;
- l'élimination progressive des barrières douanières et l'interdiction des contingentements.

Dérogations

■ Ces principes admettent des exceptions concernant :
- les produits : les produits agricoles subventionnés, les monopoles... ;
- les pays : les pays en développement sont favorisés car ils ne sont pas obligés d'accorder les mêmes avantages que ceux qu'ils ont reçus, les unions régionales peuvent supprimer les droits de douane entre pays membres, mais établir un tarif extérieur commun pour les autres pays...

2. La régulation actuelle par l'OMC

■ Créée en 1994 dans la continuité du GATT, l'**OMC** (Organisation mondiale du commerce) a pour but la coopération internationale et la libéralisation des échanges. L'OMC regroupe 156 pays dont les anciens membres du GATT (parmi les derniers entrés, la Chine en 2001 et la Russie en 2012).

■ L'OMC a repris les principes du GATT et les étend aux services et à la propriété intellectuelle (brevets) en plus des marchandises. Comme pour le GATT, les avancées sont issues de cycles de négociations appelés ***rounds***.

Particularité

■ L'**ORD** (Organe de règlement des différends) est la nouveauté de l'OMC par rapport au GATT. L'ORD est chargé de régler les conflits commerciaux

VOIR AUSSI

- **Les pratiques d'échanges commerciaux** *(fiche 21)*

MOTS CLÉS

- **GATT**
- **OMC**
- ***Dumping***

entre membres : après examen du conflit, il décidera de l'issue du différend et veille à l'application de la solution retenue.

Réalisations

■ Le principal résultat est la mise en place d'une **structure de négociation internationale** pour éviter les guerres commerciales, structure qui a réalisé :
- le développement d'accords multilatéraux ;
- la réduction importante des droits de douane ;
- la diminution des contingents ;
- le début d'une libéralisation des services.

Problèmes restant à résoudre

■ S'il y a eu des résultats probants, il reste des problèmes :
- le protectionnisme reste sous la forme de barrières non tarifaires ;
- l'hégémonie américaine, car les États-Unis ne respectent pas les engagements signés ;
- des contentieux sur les produits agricoles qui donnent lieu à de nombreux conflits entre les États-Unis et l'Union européenne ;
- des contentieux sur les produits industriels : le *dumping* ou les subventions sont encore pratiqués ;
- des contentieux sur la propriété intellectuelle car de nombreux pays pratiquent la contrefaçon ;
- des conflits sur les conditions sociales : les pays à faible coût de main-d'œuvre pratiquent le *dumping* social en sous-payant leurs salariés ;
- la régionalisation des échanges est un obstacle car, si les pays membres détaxent leurs exportations entre eux, ils taxent les produits en provenance de l'extérieur. De plus, ils effectuent un détournement de trafic au profit des pays membres de la zone régionale.

TESTEZ-VOUS

A. Quel était le but du GATT ?
B. Sur quels principes s'appuyait le GATT ?
C. Quelle est la particularité de l'OMC par rapport au GATT ?
D. Quels résultats a obtenu l'OMC au niveau international ?

Corrigés p. 120.

LES DÉSÉQUILIBRES ACTUELS DE LA CROISSANCE

25

1. Notion de croissance et de développement économique

Définition de la croissance économique

■ La **croissance** est un phénomène durable d'augmentation de la production sur une longue période, à la différence de l'**expansion** qui est une augmentation de l'activité sur une courte période, liée à la conjoncture économique.

■ La croissance influence les structures économiques en bouleversant l'organisation antérieure, créant de nouveaux rapports (ex. : la croissance du secteur informatique et des télécommunications). Elle influence également les structures sociales (par l'augmentation du niveau de vie, la mobilité géographique...) en profondeur et durablement.

Définition du développement économique

■ Le **développement économique** peut se définir comme l'ensemble des transformations économiques, sociales, techniques et culturelles. Il implique l'abandon du mode de vie antérieur en raison de l'accroissement des richesses et du savoir.

2. Les aspects négatifs de la croissance économique

Inégalités sociales entre pays riches et pauvres

■ L'écart grandit entre les pays développés et les pays les moins avancés qui n'ont pas l'épargne nécessaire pour le financement de leurs investissements. En outre, ils bénéficient peu des IDE (investissements directs à l'étranger), car la formation de la main-d'œuvre et les infrastructures sont insuffisantes et ces pays offrent peu de débouchés sur leur marché intérieur. Ils souffrent d'un écart de niveau de vie, à cause de la faiblesse de leur PIB par habitant mais aussi de qualité de vie, car l'espérance de vie et le niveau d'éducation sont faibles.

■ On appelle **PMA** (Pays les moins avancés) les pays qui ont le plus de retard dans le développement (les habitants ont généralement moins de 1 000 $ par an pour vivre). Ils sont 48 en 2013 et ce sont principalement des pays d'Afrique (Congo, Niger, Éthiopie, Togo...).

VOIR AUSSI

- **Mesure de la croissance et du développement** *(fiche 26)*
- **Le développement durable** *(fiche 27)*

MOTS CLÉS

- **Croissance**
- **Développement**
- **IDE**
- **PMA**

TESTEZ-VOUS

A. Quelle est la principale différence entre croissance et développement ?
B. Quel problème social entraîne la croissance ?
C. Quelle conséquence démographique amène la croissance ?
D. Quel problème environnemental soulève la croissance ?

Corrigés p. 120.

Inégalités sociales à l'intérieur d'un même pays

■ La croissance de l'économie française a profondément transformé les modes de vie au cours du siècle et les conditions de vie se sont améliorées par l'élévation des revenus des ménages, aussi bien les revenus directs que les revenus indirects, à travers la redistribution et les biens collectifs offerts par les pouvoirs publics et les organismes de Sécurité sociale (éducation, santé, etc.).

■ Mais les progrès réalisés n'ont pas été partagés par tous de la même façon, qu'il s'agisse du logement, des soins ou des loisirs. La montée du chômage nourrit les inégalités sociales et une exclusion croissante de cette société riche. Les plus touchés sont les personnels moins qualifiés et les jeunes. Le ralentissement de la croissance fige les **hiérarchies sociales**.

Problème démographique

■ Le problème majeur des pays en développement est de maîtriser l'augmentation constante de la population et de la nourrir. Un meilleur accès aux soins médicaux a permis de réduire le taux de mortalité infantile, mais la contraception reste mal maîtrisée. Cette évolution entraîne une dégradation des conditions de vie, car il y a plus de bouches à nourrir.

Problème environnemental

■ Le mode de vie des pays développés épuise les ressources naturelles et détruit l'environnement. Ce modèle n'est pas possible à long terme et on peut se demander combien de temps il reste avant la fin du pillage total des ressources.

■ Les limites physiques de la planète posent le problème de l'injuste répartition des ressources entre les individus et remettent en cause le modèle actuel de consommation.

MESURE DE LA CROISSANCE ET DU DÉVELOPPEMENT

26

1. Les indicateurs traditionnels de la croissance

Le produit intérieur brut (PIB)

■ Le **PIB** mesure la richesse créée par les agents économiques sur le territoire français (quelle que soit leur nationalité). Le PIB est obtenu en faisant la somme des valeurs ajoutées des agents producteurs.

Le produit national brut (PNB)

■ Le **PNB** mesure l'ensemble des richesses créées par les agents économiques français en France ou à l'étranger.

Le taux de croissance

■ Le **taux de croissance** est un indicateur économique utilisé pour mesurer la croissance de l'économie d'un pays d'une année sur l'autre. Il est défini par la formule suivante qui relie les produits intérieurs bruts (PIB) de deux années consécutives :

$$\text{Taux de croissance} = \frac{\text{PIB}^{\text{année N}} - \text{PIB}^{\text{année N-1}}}{\text{PIB}^{\text{année N-1}}} \times 100$$

où les PIB sont mesurés en volume (pour éviter de considérer l'inflation des prix comme de la croissance économique, car cela gonflerait les chiffres de la production nationale).

Le produit national brut par habitant (PNB/h)

■ Le **PNB/h** constate le rapport entre le taux de croissance et l'accroissement démographique. Il est souvent considéré comme l'indicateur privilégié d'une amélioration du niveau de vie.

2. Les indicateurs traditionnels du développement

L'indice de développement humain (IDH)

■ L'**IDH** est un indicateur qui prend en compte :
- le niveau de vie, mesuré par le revenu par habitant ;
- l'espérance de vie qui représente le niveau de santé du pays ;
- le taux d'éducation qui est le taux de scolarisation des enfants et des adultes.

L'indice de pauvreté humaine (IPH)

■ L'**IPH** est l'indice de pauvreté humaine qui est calculé pour les pays pauvres (IPH1) et les pays riches (IPH2).

■ L'**IPH1** prend en considération :
- le pourcentage de population dont l'espérance de vie est inférieure à 40 ans ;
- le pourcentage d'analphabètes chez les adultes ;
- les conditions de vie (accès aux soins, à l'eau potable, malnutrition des enfants).

■ L'**IPH2** prend en considération :
- le pourcentage de la population dont l'espérance de vie est inférieure à 60 ans ;
- le pourcentage d'analphabètes chez les adultes ;
- le pourcentage de personnes vivant avec moins de 50 % du revenu médian ;
- le pourcentage de chômeurs de longue durée (plus d'un an).

La classification de la Banque mondiale

■ Chaque année, la Banque mondiale fait un classement des pays pour montrer leur évolution. Elle classe les pays en quatre catégories :
- les pays **à faible revenu** : qui ont moins de 1 025 $ par an et par habitant (36 pays principalement africains : Congo, Mali) ;
- les pays **à revenu intermédiaire inférieur** : entre 1 026 et 4 035 $ par an pour vivre (54 pays comme l'Inde, l'Egypte...) ;
- les pays **à revenu intermédiaire supérieur** : entre 4 036 et 12 475 $ pour vivre (54 pays dont la Chine, le Brésil, la Russie...) ;
- les pays **industriels** à économie de marché : dont les habitants ont plus de 12 475 $ pour vivre (États-Unis, France, Allemagne, Qatar, Koweït...).

■ Les deux premières catégories forment les **PED** (pays en développement) et la dernière catégorie est celle des **grandes puissances** (ou des pays exportateurs de pétrole).

VOIR AUSSI

- **Les déséquilibres actuels de la croissance** *(fiche 25)*

MOTS CLÉS

- **PIB**
- **Valeur ajoutée**
- **PNB**
- **PNB/h**
- **Taux de croissance**
- **IDH**
- **IPH**

TESTEZ-VOUS

A. Quels sont les indicateurs de la croissance ?
B. Quels sont les indicateurs du développement ?

Corrigés p. 120.

LE DÉVELOPPEMENT DURABLE

27

1. Le constat

■ Le **développement économique** est à l'origine des problèmes environnementaux que subit la planète, problèmes qui s'accentuent depuis plusieurs dizaines d'années. Ce sont des problèmes liés :
– à l'**équilibre général** : pollution de l'eau (marée noire), de l'air (gaz d'échappement), du sol (engrais, pesticides), changement climatique (désertification, réchauffement par effet de serre), déforestation... ;
– à la **surexploitation des ressources naturelles** : épuisement des sols, dégradation de la qualité de l'eau, de l'air, de la terre... ;
– aux **déchets** : traitement par recyclage ou élimination ;
– au **cadre de vie** : par la conservation des sites, la lutte contre les invasions (algues, méduses).

2. Notion de développement durable

Définition

■ Le **développement durable** se définit comme un développement qui répond aux besoins du présent sans compromettre la capacité des générations futures à répondre aux leurs.

Principes

■ Pour concilier progrès économique et social et respect de la nature, un État doit miser sur trois principes :
– la solidarité avec les générations futures et les populations de la planète ;
– la mise en place d'actions pour prévenir les dégradations plutôt que de les réparer ensuite ;
– la participation de tous les acteurs de la société civile aux décisions.

3. La prise en compte internationale

L'éveil international

■ En 1992, la **Conférence des Nations unies** a rappelé la responsabilité collective des populations actuelles à considérer les conséquences de leurs actions sur l'environnement pour les générations futures.

■ La Chine est devenue le premier émetteur mondial de gaz à effet de serre, mais sa responsabilité reste limitée car 23 % de ses émissions sont liées aux exportations de produits consommés par d'autres.

VOIR AUSSI

- **Les déséquilibres actuels de la croissance** *(fiche 25)*
- **L'entreprise agent responsable** *(fiche 28)*

MOTS CLÉS

- **Développement durable**
- **PIB vert**
- **Empreinte écologique**

Le protocole de Kyoto

■ Des conférences internationales, comme celle de Kyoto (1997) sur la réduction des émissions de gaz à effet de serre, veulent obtenir l'engagement des États pour limiter leurs émissions polluantes. Ce protocole prévu pour la période 2008-2012 s'est avéré insuffisant pour répondre au défi du **changement climatique** (des conférences comme celle de Bali en 2007 n'ont pas réussi à mettre les États d'accord sur d'autres chiffres plus ambitieux).

La position de l'Europe

■ L'Europe a annoncé une réduction de ses émissions polluantes de 20 % d'ici à 2020 et de 50 % en 2050 par rapport à 1990.

■ Les pouvoirs publics ont mis en place :
– des règlementations spécifiques en définissant des **normes de pollution** à respecter ;
– des **mesures répressives** en sanctionnant les entreprises pollueuses selon le principe du « pollueur payeur » ;
– des **mesures incitatives** : les États participent au financement des investissements antipollution.

4. Les indicateurs du développement durable

Le PIB vert

■ Le **PIB vert** a pour vocation de mesurer l'impact de notre production sur l'environnement de façon économique pour le retrancher du PIB.

L'empreinte écologique

■ On peut calculer une **empreinte écologique**, c'est-à-dire l'impact des activités humaines sur l'environnement que l'on traduit en surfaces nécessaires à l'activité (l'unité de compte universel est le terrain de foot) : si tous les habitants de la planète vivaient comme les Américains, il faudrait cinq planètes pour satisfaire leur consommation (trois planètes pour la consommation de la France). Si le modèle économique a tenu jusqu'à aujourd'hui, c'est parce que la majorité des individus (les pays pauvres) n'ont pas le niveau de consommation des pays riches.

TESTEZ-VOUS

A. Quelles critiques fait-on au développement économique ?
B. Quelle définition peut-on donner du développement durable ?
C. Sur quels principes repose le développement durable ?
D. Citez un indicateur du développement durable.

Corrigés p. 120.

L'ENTREPRISE AGENT RESPONSABLE

28

1. Notion d'entreprise citoyenne

Définition

■ L'entreprise ne peut rester indifférente à son environnement (chômage, exclusion sociale, pollution). Elle doit se mobiliser pour être un **acteur responsable**, un citoyen. Une entreprise citoyenne est donc un agent économique socialement responsable.

Mise en cause de la responsabilité

■ La mise en cause de la responsabilité provient de différents faits :
- la stratégie de l'entreprise peut avoir des objectifs contraires à ceux de l'État ;
- les entreprises peuvent créer des déséquilibres en épuisant les ressources naturelles, polluant ou produisant des biens inutiles ou dangereux pour l'écosystème (les aérosols).

2. Les nouvelles responsabilités de l'entreprise

La responsabilité traditionnelle

■ La responsabilité première de l'entreprise est de produire des biens et services utiles et de qualité, mais elle doit aussi contribuer au progrès technique par son effort de recherche et contribuer au maintien des grands équilibres (stabilité des prix, croissance, etc.).

La responsabilité sociétale

■ L'entreprise a une responsabilité vis-à-vis de la société qui prend différents aspects :
- une **responsabilité sociale** : développement et maintien de l'emploi, conditions de travail et rémunérations satisfaisantes, formation ;
- une **responsabilité écologique** : respecter l'écologie, assurer la sécurité alimentaire, ne pas polluer, protéger les riverains contre les risques d'accidents (ou les réparer) ;
- une **responsabilité morale** : développer une éthique des affaires, refuser le travail des enfants dans les pays sous-traitants ;
- une **responsabilité culturelle** : assurer du mécénat, participer à la conservation du patrimoine.

3. Les réactions de l'entreprise citoyenne

Les engagements des entreprises

■ Les entreprises responsables ont réagi en :
- utilisant de façon rationnelle et économe les ressources naturelles ;
- donnant une qualité écologique à leurs produits (produits verts, recyclables, non toxiques…) ;
- réduisant la production de déchets (emballages biodégradables) et la pollution (installation d'équipements adaptés…) ;
- réparant les dommages causés à l'environnement (dépollution, reforestation…).

■ Ces entreprises réagissent en **entreprises citoyennes**, responsables de l'avenir de la planète (elles utilisent des énergies renouvelables), recherchent l'intérêt de la collectivité (par le développement de transports urbains non polluants) tout en respectant un ordre moral (ex. : établissement d'un écobilan qui analyse tous les stades de la production pour mettre en évidence les points faibles et les solutions afin que le produit réponde aux exigences des normes écologiques).

Les nouvelles activités liées au développement durable

■ La protection de l'environnement a développé de nouvelles activités comme :
- des activités spécifiquement tournées vers la **protection de l'environnement** : traitement des eaux usées, collecte et traitement des déchets ménagers et industriels ;
- l'**écotourisme** : parcs naturels, aménagement des forêts pour les randonnées, tourisme à la ferme…

Les limites des engagements des entreprises

■ Si les entreprises communiquent sur le développement durable et prennent des engagements, c'est qu'elles en attendent un **bénéfice**. Parfois les grandes entreprises font du *lobbying* pour empêcher les pouvoirs publics de prendre des mesures environnementales. De plus, avec la mondialisation, il est difficile pour les États d'imposer des normes, les entreprises menaçant à tout moment de délocaliser.

VOIR AUSSI

• **Le développement durable** *(fiche 27)*

MOTS CLÉS

- **Entreprise citoyenne**
- **Écobilan**
- **Écotourisme**
- **Responsabilité**

TESTEZ-VOUS

A. Qu'est-ce qu'une entreprise responsable, citoyenne ?
B. Pourquoi met-on en cause la responsabilité des entreprises ?
C. Comment les entreprises réagissent-elles en citoyennes ?
D. Citez une nouvelle activité liée au développement durable.

Corrigés p. 120.

29

LA RESPONSABILITÉ CIVILE

1. Notion de responsabilité civile

■ La **responsabilité civile** est l'obligation de répondre de ses actes. Tout fait quelconque qui cause un dommage à autrui engage la responsabilité civile de son auteur, qui sera obligé de réparer.

■ La responsabilité civile provient :
– **d'un acte juridique** : c'est l'inexécution ou le retard dans l'exécution d'un contrat ou d'une obligation ;
– **d'un fait juridique** : c'est le fait de se retrouver débiteur d'une obligation sans l'avoir voulu (ex. : en circulant en voiture, vous renversez un cycliste qui a fait un écart, vous serez responsable des blessures causées).

■ Sont concernées les personnes physiques (les individus ou les entreprises individuelles) et les personnes morales, comme les sociétés ou l'État.

2. Responsabilité délictuelle et contractuelle

Responsabilité délictuelle

■ L'idée est de réparer le préjudice causé par une personne suite à un délit. La réparation s'effectue souvent par le versement de dommages et intérêts.

■ La responsabilité civile est **délictuelle** si le fait était intentionnel et **quasi délictuelle** s'il ne l'était pas, quand la personne a agi par imprudence ou négligence.

Responsabilité contractuelle

■ La **responsabilité contractuelle** se base sur le contrat, qui est un lien de droit entre deux personnes et qui met à la charge de chacune des parties l'exécution d'une obligation.

■ Le créancier d'une obligation peut donc mettre en œuvre la responsabilité contractuelle de son cocontractant pour :
– inexécution de l'obligation contractuelle ;
– retard dans l'exécution ;
– mauvaise exécution de l'obligation : le créancier devra apporter la preuve de la faute dans l'exécution.

■ Au départ, cette responsabilité était fondée sur la **faute**, mais aujourd'hui, on présume que si le résultat n'est pas atteint il y a faute. Si le contrat a pour objet la réalisation d'un but aléatoire, une faute devra être prouvée pour engager la responsabilité contractuelle (ex. : un médecin ne peut pas s'engager à coup sûr à guérir son patient, un professeur ne peut assurer la réussite de l'élève à l'examen, l'avocat ne peut certifier que son client ne sera pas condamné).

3. Responsabilité civile et responsabilité pénale

■ La **responsabilité civile** vise à réparer un dommage causé à une personne. Son but est d'indemniser la victime.

■ La **responsabilité pénale** vise à sanctionner une infraction prévue et punie par la loi. Son but est de punir le coupable (par une amende ou/et de la prison). Il peut s'agir, par ordre d'importance, d'une contravention (ex. : tapage nocturne), d'un délit (vol, agression) ou d'un crime (meurtre, viol).

■ Il peut arriver que la faute civile entraîne un préjudice (ex. : une personne victime d'escroquerie à la carte bancaire voit sa banque lui compter des intérêts pour le découvert qu'elle n'a pas créé).

4. L'action en responsabilité civile

■ Pour faire valoir ses droits, la victime du dommage doit engager une action en justice dans le délai de 10 ans s'il s'agit d'une responsabilité délictuelle et 30 ans pour la responsabilité contractuelle. Elle agira devant un tribunal civil : Tribunal d'instance ou de grande instance.

■ Pour la responsabilité pénale, la victime agira comme « partie civile » devant un tribunal pénal :
- tribunal de police pour les contraventions (c'est le tribunal d'instance qui juge pénalement) ;
- tribunal correctionnel pour les délits ;
- cour d'assises pour les crimes.

■ Elle peut agir aussi dans les deux branches (civile et pénale), mais le juge civil devra attendre la décision du juge pénal pour prononcer sa décision.

VOIR AUSSI

• **La mise en œuvre de la responsabilité** *(fiche 32)*

MOTS CLÉS

- **Responsabilité civile délictuelle**
- **Responsabilité civile quasi-délictuelle**
- **Responsabilité pénale**

TESTEZ-VOUS

A. Quelle différence faites-vous entre la responsabilité civile et la responsabilité pénale ?
B. Quelle différence faites-vous entre la responsabilité civile délictuelle et quasi délictuelle ?
C. Quelle différence faites-vous entre la responsabilité délictuelle et la responsabilité contractuelle ?

Corrigés p. 121.

LE DOMMAGE

1. Définition et principe

■ La condition indispensable pour mettre en œuvre la responsabilité est l'existence d'un dommage, c'est-à-dire un préjudice subi par une personne suite au comportement fautif d'une autre qui a porté atteinte aux droits de la première.

■ En principe, la victime devra **prouver le dommage** (sauf pour les accidents de la route où l'automobiliste est toujours responsable vis-à-vis du piéton ou du cycliste).

2. Caractères du dommage

Le dommage direct

■ Le dommage doit résulter directement du fait reproché au responsable (la **faute**), mais une faute de la victime peut entraîner une exonération.

Le dommage certain

■ Le dommage doit être réalisé pour être considéré comme **certain** : une perte ou un manque à gagner (ex. : une entreprise victime des manœuvres déloyales d'un concurrent), une invalidité, des frais engagés.

■ Un **dommage éventuel** n'est pas pris en considération.

Le dommage actuel

■ S'il doit être réalisé pour donner lieu à indemnisation, on admet le dommage futur si sa réalisation est certaine (ex. : une blessure suite à un accident de travail qui va entraîner une incapacité de travail future donnera lieu au versement d'une rente).

Le dommage légitime

■ Le préjudice doit nuire à l'ordre public et aux bonnes mœurs pour que le dommage soit **légitime**, ce qui fait que l'on exclut ainsi les situations amorales ou illicites.

Le dommage déterminé

■ Le dommage doit être **évalué** pour déterminer le montant de son indemnisation (cela se fait par expertise).

VOIR AUSSI

- **La responsabilité civile** *(fiche 29)*
- **La mise en œuvre de la responsabilité** *(fiche 32)*

MOTS CLÉS

- **Dommage**
- **Préjudice**

3. Nature du dommage

Le dommage matériel

■ Un **dommage matériel** présume une atteinte aux biens de la victime, telle que :
– la destruction ou la détérioration d'une chose ;
– la perte économique résultant d'agissements fautifs, tel un acte de concurrence déloyale (il s'agit ici d'un préjudice pécuniaire, un manque à gagner).

Le dommage moral

■ Le **dommage moral** est une atteinte aux droits extrapatrimoniaux comme :
– l'atteinte à l'honneur (diffamation, injures publiques) ;
– l'atteinte à la vie privée (photos prises à l'insu de la personne) ;
– l'atteinte aux sentiments (perte d'un être cher).

■ Les dommages moraux recouvrent plusieurs types de préjudice :
– le *pretium doloris* ou prix de la douleur, qui indemnise les souffrances morales consécutives au dommage corporel ;
– le préjudice esthétique : lié à l'aspect extérieur de la personne (les cicatrices causées lors d'un accident seront indemnisées) ;
– le préjudice d'agrément : les juges vont évaluer la privation pour la victime de la possibilité d'exercer une activité particulière ou la privation des agréments d'une vie normale (jouer au tennis, jouer du piano quand on perd l'usage d'une main...) ;
– le préjudice d'affection : il vise le chagrin, le traumatisme affectif ou la peine que peut causer le décès d'un proche ou d'un être cher (les tribunaux ont admis l'indemnisation de la douleur, suite à la perte d'un animal de compagnie adoré par ses maîtres).

Le dommage corporel

■ Le **dommage corporel** est une atteinte à l'intégrité physique comprenant :
– l'indemnisation des souffrances endurées, des cicatrices apparentes ou d'une amputation... ;
– l'indemnisation de certaines privations d'activité ou de loisir (l'amputation d'une main fait que la personne ne pourra plus jouer au tennis ou du piano...).

TESTEZ-VOUS

A. Qu'est-ce qu'un dommage juridiquement parlant ?
B. Citez les caractéristiques d'un dommage pour qu'il soit indemnisé.
C. Citez les différentes natures de dommages indemnisables.

Corrigés p. 121.

LA FAUTE, FAIT GÉNÉRATEUR DE LA RESPONSABILITÉ

31

1. Les faits générateurs de la responsabilité délictuelle

■ Le **fait générateur** est le fait matériel qui a causé le dommage.

La responsabilité du fait personnel

■ La responsabilité est engagée en raison d'une **faute** (négligence ou imprudence) et parfois en dehors d'une faute (réparation obligatoire des dommages causés par un dément).

■ La victime doit prouver la faute. Si la preuve est difficile à apporter, le législateur favorise la victime :
- en **présumant la faute** : le présumé responsable doit alors prouver qu'il n'a pas commis la faute ;
- en **adoptant la théorie du risque** (celui qui exerce une activité générant un risque doit l'assumer) ou **la théorie de la garantie** (dans un accident de la circulation, la loi favorise les victimes par rapport à l'automobiliste).

La responsabilité du fait des choses

■ Si un dommage est causé par l'intermédiaire d'une chose, son gardien (celui qui en a l'usage, la direction, le contrôle – souvent le propriétaire) en est automatiquement responsable. La victime n'a donc pas à prouver la faute de l'auteur du dommage, elle devra seulement apporter la preuve du dommage et montrer qu'il est la conséquence de l'intervention de la chose. Cela concerne :
- **les choses que l'on a sous sa garde** et qui ont été l'instrument du dommage (ex. : un pot de fleurs tombe de votre balcon sur la tête d'un passant : vous êtes responsable) ;
- **les animaux** dont on est propriétaire ou que l'on a sous sa garde ;
- **les bâtiments** dont on est propriétaire et qui ont causé des dommages par leur ruine, leur défaut d'entretien ou un vice de construction.

La responsabilité du fait d'autrui

■ **Les parents sont responsables de leurs enfants mineurs** et vivants avec eux car ils en ont la garde, la surveillance et l'éducation.

■ **Les artisans sont responsables de leurs apprentis** si le dommage est survenu aux lieux et temps de travail (ils doivent les surveiller).

■ **Les commettants (employeurs) sont responsables de leurs préposés (salariés)** si le dommage est survenu dans le cadre de leurs fonctions et durant le temps de travail, car les salariés ont obéi aux ordres donnés.

■ **L'enseignant est responsable de ses élèves** si le dommage est survenu pendant le temps où ils étaient sous sa surveillance. C'est l'État qui répondra du dommage et indemnisera la victime.

VOIR AUSSI

- **La responsabilité civile** *(fiche 29)*
- **Le dommage** *(fiche 30)*

MOTS CLÉS

- **Fait générateur**
- **Responsabilité du fait personnel**
- **Responsabilité du fait des choses**
- **Responsabilité du fait d'autrui**
- **Cas de force majeure**
- **Fait d'un tiers**
- **Fait de la victime**

TESTEZ-VOUS

A. Qu'appelle-t-on fait générateur de responsabilité ?
B. Citez les trois types de faits générateurs de responsabilité délictuelle.
C. Citez les différents cas d'exonération de responsabilité.
D. Quelles sont les deux causes de la responsabilité contractuelle ?

Corrigés p. 121.

2. Les cas d'exonération de responsabilité

Le cas de force majeure

■ Le cas de **force majeure** est l'événement imprévisible, insurmontable, irrésistible (ex. : une tempête empêche la livraison d'une marchandise) et extérieur à la personne (séisme, incendie…).

Le fait du créancier ou de la victime

■ Dans un contrat, comme c'est le créancier qui est à l'origine du dommage, il ne peut réclamer une indemnisation (ex. : dans un déménagement, il y a eu de la casse à cause d'un colis mal ficelé par la personne qui déménage : elle n'aura pas d'indemnisation).

■ La victime à l'origine du dommage ne peut prétendre à indemnisation (ex. : celui qui court après le bus qui démarre et chute ne peut prétendre à indemnisation auprès du transporteur).

Le fait d'un tiers

■ Comme c'est le tiers qui provoque la faute, le responsable se retrouve exonéré, car on ne peut rien lui reprocher. Le contrat peut prévoir des clauses limitatives de responsabilité (exonération totale ou partielle de responsabilité) valables, sauf en cas de faute lourde ou intentionnelle.

3. Les faits générateurs de la responsabilité contractuelle

La mauvaise exécution du contrat

■ Pour une obligation de résultat, s'il n'est pas atteint, le débiteur est responsable (ex. : une livraison). Pour une obligation de moyens, si le résultat n'est pas assuré, il faut prouver que tous les moyens n'ont pas été mis en œuvre (ex. : un avocat ne peut assurer l'acquittement de son client).

L'inexécution du contrat

■ La victime doit prouver que l'inexécution du contrat lui cause un dommage (ex. : le retard de livraison entraîne un manque à gagner pour l'entreprise).

■ L'inexécution peut être totale ou partielle (ex. : manquement dans la livraison).

LA MISE EN ŒUVRE DE LA RESPONSABILITÉ

32

1. Les conditions de la réparation

■ Trois éléments doivent être réunis pour qu'il y ait réparation du préjudice :
– **un dommage** (ou préjudice) : la victime devra démontrer le préjudice subi ;
– **un fait générateur** (ou faute) : c'est l'élément qui cause le dommage ;
– **un lien de causalité** : la victime devra prouver que le dommage résulte de la faute pour être indemnisé. Cette relation du dommage et de la faute doit être certaine et directe.

■ L'action en responsabilité vise à indemniser la victime du préjudice.

2. L'action en responsabilité civile

L'action en responsabilité civile délictuelle

■ Une action en justice est nécessaire quand la **responsabilité délictuelle** est en cause. L'objectif est de replacer la victime dans la situation où elle se serait trouvée si le dommage ne s'était pas produit. La réparation est en nature dans ce cas, mais elle se fait souvent par des dommages et intérêts accordés au demandeur (victime ou héritiers).

■ Si la faute civile est aussi une **infraction pénale** (car prévue par la loi comme le manquement à une obligation de sécurité ou la mise en danger d'autrui) le demandeur a le choix entre agir devant un tribunal civil ou pénal. La victime pourra se porter « partie civile » devant le tribunal pénal qui pourra condamner le responsable à réparation.

■ Les juges sont entièrement libres de déterminer le montant de l'indemnisation (elle doit en principe couvrir toutes les conséquences du préjudice). La réparation d'une infraction pénale n'est possible que si l'infraction est prévue par la loi.

L'action en responsabilité civile contractuelle

■ Lorsqu'il y a mauvaise exécution du contrat ou inexécution, le créancier doit d'abord mettre en demeure son débiteur de s'exécuter. S'il ne s'exécute pas, le créancier peut demander l'exécution forcée du contrat ou sa résolution. Dans tous les cas, il aura droit à des **dommages et intérêts moratoires** (en cas de retard) ou **compensatoires** (en cas d'inexécution).

VOIR AUSSI

- **La responsabilité civile** *(fiche 29)*
- **La mise en œuvre de la responsabilité** *(fiche 31)*

MOTS CLÉS

- **Lien de causalité**
- **Dommages et intérêts moratoires**
- **Dommages et intérêts compensatoires**

TESTEZ-VOUS

A. Quelles sont les trois conditions pour mettre en œuvre la responsabilité ?
B. Quel est l'objectif de l'action en responsabilité délictuelle ?
C. Comment évolue l'indemnisation des victimes ?
D. Quelle est la particularité de la responsabilité en cas d'accidents de la circulation ?

Corrigés p. 121.

3. Les évolutions de la réparation

Les bases de l'évolution

■ Pour indemniser la victime, le juge s'appuie sur trois théories :
– la **faute** : auparavant, la victime devait prouver la faute pour être indemnisée. Le droit évolue vers une responsabilité sans faute ou de droit : l'élément matériel suffit, la victime n'a plus à prouver ;
– le **risque** : ce n'est plus la faute commise, mais le risque créé dont il faut assumer les conséquences dommageables. La victime n'a pas à apporter de preuve d'une faute et le responsable ne peut s'exonérer : les parents ou l'employeur sont toujours responsables ;
– la **garantie** : les victimes ont un droit à la sécurité (cela est possible grâce à l'assurance obligatoire).

Les directions de l'évolution

■ La responsabilité délictuelle a donc évolué dans deux sens pour mieux indemniser les victimes :
– l'**objectivisation de la responsabilité** : elle est engagée dès que l'acte est rattaché à un individu ou une chose. La recherche de la faute n'est plus essentielle, les cas d'exonération se réduisent ;
– la **collectivisation de la réparation** : de plus en plus de dommages sont pris en charge par les compagnies d'assurance (ex. : assurance automobile obligatoire). C'est l'État, à travers la Sécurité sociale ou des fonds de garantie, qui assure l'indemnisation dans certains cas, comme l'indemnisation des accidents médicaux s'il n'y a pas faute des médecins.

Un exemple de l'évolution : les accidents de la circulation

■ Dans les accidents de la circulation impliquant des véhicules à moteur, la responsabilité du conducteur est quasiment automatique, surtout lorsque la victime est un non-conducteur (piéton ou cycliste).

■ Cette règle déroge au régime de la responsabilité du fait des choses en limitant les causes d'exonération, car la force majeure ou le fait d'un tiers ne sont pas opposables aux victimes par le conducteur, sauf faute inexcusable de la victime (tentative de suicide, traversée à pied d'une autoroute, circulation à contre sens sur une autoroute).

33

LE CONTRAT DE TRAVAIL

1. Définition

■ Le **contrat de travail** est une convention par laquelle une personne (le salarié) s'engage à mettre au service d'un employeur ses capacités physiques, intellectuelles et professionnelles en contrepartie d'une rémunération, appelée salaire, versée par l'employeur.

2. Caractéristiques juridiques

■ Le **contrat synallagmatique** : employeur et salarié attendent des avantages réciproques du contrat.

■ Le **contrat à titre onéreux** : le salarié travaille pour une rémunération.

■ Le **contrat *intuitu personae*** : le salarié doit accomplir personnellement le travail.

■ Le **contrat à exécutions successives** : le travail s'étale dans le temps.

3. Le contrat type : le contrat à durée indéterminée (CDI)

Définition

■ Le **CDI** est le contrat type, car il offre au salarié la possibilité de travailler dans une entreprise pour un temps non défini à l'avance.

Forme

■ Le CDI n'obéit à aucune condition de forme, mais une directive communautaire de 1993 oblige l'employeur à fournir un écrit : ce n'est pas obligatoirement un contrat de travail, une déclaration d'embauche auprès de l'URSSAF pour assurer la couverture sociale du salarié suffit, mais la convention collective peut imposer un formalisme pour en faciliter la preuve.

■ Dans tous les cas, un document écrit doit être remis au salarié dans les deux mois de la conclusion du contrat. Depuis 2004, il peut même être établi sous forme électronique.

Clauses obligatoires

■ La directive communautaire prévoit que, pour tous les contrats, le document écrit doit au moins mentionner :
- l'identité des parties (entreprise et salarié) ;

VOIR AUSSI

- **Les caractéristiques de la demande de travail** *(fiche 3)*
- **Les conditions de travail** *(fiches 35 à 37)*

MOTS CLÉS

- **Contrat de travail**
- **Clause de mobilité**
- **Clause de non-concurrence**
- **Clause de dédit formation**

TESTEZ-VOUS

A. Définissez le contrat de travail.
B. Donnez une caractéristique juridique du contrat de travail.
C. Citez une clause obligatoire.
D. Citez et expliquez une clause particulière.

Corrigés p. 121.

- le lieu de travail ;
- l'emploi occupé ;
- la date de début du contrat ;
- la durée des congés payés et du préavis ;
- le montant et la périodicité de la rémunération ;
- la durée du travail (quotidienne ou hebdomadaire) ;
- la convention collective applicable.

Clauses particulières

■ **La clause de mobilité** : le salarié s'engage par avance à accepter un changement de son lieu de travail. La clause doit être limitée à un certain périmètre (au-delà, il faudra l'accord du salarié).

■ **La clause de non-concurrence** : elle interdit au salarié après la rupture du contrat, de s'installer ou d'être embauché chez un concurrent pour y exercer le même travail. Cette clause doit être justifiée (dans l'intérêt de l'entreprise), être limitée dans le temps et dans l'espace, ne pas priver le salarié de la possibilité de travailler et lui offrir une contrepartie financière.

■ **La clause de dédit formation** : le salarié s'engage à travailler dans l'entreprise pendant un certain temps sinon il devra dédommager l'employeur pour sa formation.

Obligations du salarié

■ Le salarié doit exécuter personnellement le travail avec diligence (loyauté, ne pas faire de concurrence déloyale à son employeur) et fidélité (respecter le secret professionnel).

Obligations de l'employeur

■ L'employeur doit respecter les conditions prévues par le contrat : donner au salarié la tâche convenue et lui verser le salaire prévu.

■ Il doit aussi respecter les règles imposées par la loi sur la durée du travail, les congés, l'égalité de traitement entre hommes et femmes, ainsi que celles établies par les conventions collectives ou accords d'entreprises.

■ Toute modification de la situation juridique de l'entreprise (changement à la suite d'une cession de l'entreprise ou fusion avec une autre entreprise...) n'entraîne aucune conséquence sur les contrats de travail en cours qui doivent être poursuivis par le nouvel employeur. De plus, l'ancien employeur n'a pas le droit de licencier en vue de la cession de l'entreprise ou de sa fusion avec une autre.

LES CONTRATS DE TRAVAIL PRÉCAIRES

34

1. Définition

■ Pour répondre au besoin de flexibilité de l'entreprise et pour faire face aux variations de l'activité, se sont développées de nouvelles formes d'emploi : les **contrats précaires**, qui sont des formes de travail créant une situation instable pour le travailleur qui risque de se retrouver sans emploi à la fin du contrat.

2. Le contrat à durée déterminée (CDD)

Forme

■ Le **CDD** doit être établi par écrit et préciser le motif de recours. Il doit comporter un terme précis mais peut durer jusqu'à la fin de l'événement qui l'a justifié (ex. : remplacement d'un salarié absent).

Cas de recours

■ Les cas de recours à ce contrat sont :
- le remplacement d'un salarié temporairement absent (maladie, accident, maternité) ;
- l'accroissement temporaire de l'activité de l'entreprise (pour commande importante, travaux urgents) ;
- des emplois temporaires par nature (emplois saisonniers) ;
- des emplois où il est d'usage constant de recourir au travail temporaire (dans le cinéma, l'enseignement...) ;
- une attente de prise de fonction d'un nouveau salarié ou de la suppression du poste d'un salarié qui a quitté l'entreprise.

Durée

■ Sa durée maximale est de **18 mois**. Il ne peut être renouvelé qu'une seule fois (la durée totale ne pouvant dépasser les 18 mois).

■ La loi expérimente sur 5 ans un CDD à objet précis pour les cadres et ingénieurs dont la durée pourrait aller jusqu'à 36 mois.

Avantages et inconvénients pour le salarié

■ Les droits et obligations du salarié titulaire d'un CDD sont les mêmes que ceux d'un salarié en CDI. Mais il a droit à une **indemnité de fin de contrat** pour compenser la précarité de sa situation. Elle est égale à 10 % de la rémunération brute totale.

■ Un salarié en CDD ne peut rompre son contrat avant le terme, sauf s'il est embauché en CDI dans une autre entreprise.

■ L'inconvénient majeur du salarié en CDD peut être son manque de motivation, s'il sait que son CDD ne débouchera pas sur un CDI et ne cherchera donc pas à s'intégrer au personnel de l'entreprise.

Avantages et inconvénients pour l'employeur

■ Il permet à l'entreprise de pourvoir un poste non durable, non lié à une activité normale et permanente, ce qui répond au besoin de flexibilité. L'entreprise bénéficie d'aides financières et d'exonérations de charges sociales.

■ L'inconvénient majeur est l'intégration pas toujours réussie du CDD au personnel.

3. Le contrat de travail temporaire (CTT)

Forme

■ Le **CTT** met en relation l'entreprise utilisatrice de travail temporaire et le salarié intérimaire.

■ Entre l'entreprise utilisatrice et celle de travail temporaire est établi un contrat écrit de mise à disposition précisant les dates de début et de fin de mission, les motifs du recours et les caractéristiques du poste à pourvoir.

■ L'entreprise de travail temporaire, employeur du salarié intérimaire, lui remet un « ordre de mission » qui précise la qualification, la rémunération et les possibilités éventuelles d'embauche ultérieure de l'utilisateur.

Cas de recours

■ Les cas de recours sont les mêmes que pour le CDD (avec en plus la possibilité de l'utiliser pour le remplacement d'un chef d'entreprise ou d'exploitation agricole).

Avantages et inconvénients pour le salarié

■ Le travailleur temporaire doit percevoir une rémunération équivalente à celle d'un salarié permanent avec en plus une **indemnité de précarité** (de fin de mission) de 10 % de la rémunération brute totale.

■ Cela permet au travailleur d'acquérir une expérience mais une certaine lassitude apparaît parfois pour l'intérimaire qui multiplie les missions sans déboucher sur un CDI.

Avantages et inconvénients pour l'employeur

■ Il se décharge sur l'agence de travail temporaire de la recherche de la personne compétente. C'est un procédé couteux et l'intégration du salarié n'est pas toujours facile.

VOIR AUSSI

- **Les caractéristiques de la demande de travail** *(fiche 3)*
- **Les conditions de travail** *(fiches 35 à 37)*

MOTS CLÉS

- **CDD**
- **CTT**
- **Indemnité**

TESTEZ-VOUS

A. Définissez le contrat de travail à durée déterminée.
B. Citez un cas de recours à cette forme de contrat.
C. Quelle est la principale distinction entre CDD et CTT ?
D. Pourquoi les appelle-t-on « contrats précaires » ?

Corrigés p. 121.

35

LIEU ET DURÉE DU TRAVAIL

1. Le lieu de travail

■ Le **lieu de travail** est défini dans le contrat, tout comme est défini le poste qui sera occupé (en cas de nouvelles attributions, un avenant devra être apporté au contrat).

■ L'employeur peut insérer une **clause de mobilité** par laquelle le salarié s'engage à suivre l'entreprise dans ses déplacements. Cette clause est souvent limitée à un certain périmètre, il faudra donc l'accord du salarié si le déplacement dépasse les limites fixées.

2. La durée hebdomadaire du travail

La durée légale

■ La **durée légale du travail** est de 35 heures par semaine (soit 151,67 heures par mois) depuis 2000 pour les entreprises de 20 salariés et plus et depuis 2002 pour les entreprises de moins de 20 salariés.

Notion de travail effectif

■ La loi prend en considération le temps de travail effectif, c'est-à-dire le temps pendant lequel le salarié est sous la dépendance de l'employeur. Sont exclus :
- les temps de trajet ;
- les pauses et repos (sauf si le salarié reste à la disposition de l'employeur) ;
- l'habillement (sauf mesure de protection comme dans les centrales nucléaires) ;
- les astreintes (périodes pendant lesquelles le salarié reste disponible pour réparer des installations), mais le temps d'intervention sera rémunéré.

Les durées maximales

■ La durée quotidienne ne peut dépasser 10 heures (8 h pour les apprentis et les jeunes mineurs).

■ La durée maximale est de 48 heures par semaine. Si les circonstances l'exigent, la durée peut être calculée sur une période plus longue (12 semaines consécutives), mais ne peut dépasser 44 heures par semaine.

VOIR AUSSI

- **Le contrat de travail**
(fiche 33)
- **Les conditions de travail**
(fiches 36 et 37)

MOTS CLÉS

- **Durée légale**
- **Temps de travail effectif**
- **Annualisation du temps de travail**
- **Horaires individualisés**

TESTEZ-VOUS

A. Quelles sont les durées hebdomadaire et mensuelle légales du travail ?
B. Qu'appelle-t-on « temps de travail effectif » ?
C. Quel est le principe de la modulation annuelle du temps de travail ?

Corrigés p. 121.

Les heures supplémentaires

■ Afin de pourvoir à un surcroît d'activité, la loi autorise le recours aux **heures supplémentaires**. Elles sont évaluées dans le cadre de la semaine, limitée pour 2013 à 220 heures par an et par salarié.

■ L'employeur doit informer l'inspecteur du travail et les représentants du personnel quand il recourt à ces heures supplémentaires. Mais il peut, sur autorisation de l'inspection du travail, déroger à cette limite de 220 heures.

3. Les modulations du temps de travail

L'annualisation du temps de travail

■ La **modulation** ou **annualisation du temps de travail** permet de répartir sur l'année la durée légale du travail afin de tenir compte des baisses ou des pointes d'activité : l'augmentation de la durée du travail en période de pointe est compensée par une diminution du nombre d'heures effectuées en période de baisse d'activité. L'annualisation doit obligatoirement être négociée avec les représentants du personnel. Un plafond annuel d'heures est fixé à 1 600 heures sur l'année, mais l'entreprise peut négocier un contingent conventionnel supérieur.

■ Les accords conclus ont souvent débouché sur une réduction du temps de travail avec modulation des horaires ou attribution de journées de récupération ajoutées aux congés légaux.

Le travail par équipes (ou travail posté)

■ Pour rentabiliser au maximum l'outil de production, l'employeur peut instaurer le travail en continu sur 7 jours, 24 h/24, par des équipes successives (c'est un travail en trois fois huit heures).

■ Il est interdit à un salarié de faire deux postes consécutivement.

Les horaires individualisés

■ La journée de travail s'organise en **plages fixes** pendant lesquelles la présence du salarié est obligatoire et en **plages mobiles** laissées à la libre gestion du salarié, ce qui permet au salarié de concilier plus facilement des impératifs personnels avec sa vie de travailleur (ex. : déposer un enfant à la crèche ou à l'école).

LES CONDITIONS DE TRAVAIL : LES REPOS

36

1. Le repos quotidien

■ Un repos quotidien d'une durée minimale de 11 heures consécutives doit être accordé au salarié.
■ Aucun temps de travail quotidien ne doit atteindre 6 heures d'affilées sans que le salarié ne bénéficie d'une pause d'une durée minimale de 20 minutes.

2. Le repos hebdomadaire

■ Un salarié ne peut travailler plus de 6 jours par semaine.
■ La durée du repos hebdomadaire doit être de 24 heures consécutives auxquelles s'ajoutent les heures de repos quotidien (minimum de 11 heures consécutives).
■ Le principe est le respect du **repos dominical**, mais des dérogations existent en raison de la spécificité de l'entreprise (commerce d'alimentation, de détail...).

3. Les jours fériés

■ Le salarié bénéficie de 11 jours fériés : 1er janvier, lundi de Pâques, 1er mai, 8 mai, lundi de Pentecôte, Ascension, 14 juillet, 15 août (Assomption), Toussaint, 11 novembre, 25 décembre (Noël).
■ Seul le 1er Mai, jour de la Fête du travail, est chômé et férié.

4. Les congés payés

■ Depuis 1936, le salarié a droit à des **congés payés**. Depuis 1982, ils sont de 30 jours ouvrables par an. Ce sont des périodes de repos rémunérées qui doivent être prises par le salarié pendant une période déterminée : entre le 1er mai et le 31 octobre. Ils sont calculés sur une base de 2,5 jours par mois travaillé entre le 1er juin et le 31 mai (soit 5 semaines).
■ Ces congés sont pris soit en même temps par tous les salariés si l'entreprise ferme, soit par roulement avec l'accord amiable des salariés ou par ordre de départ défini par l'employeur après consultation des représentants du personnel.
■ Les congés peuvent être pris en une seule fois (24 jours ouvrables soit 4 semaines) mais la 5e semaine est obligatoirement prise entre Noël et le Nouvel An. Le salarié peut aussi les prendre en plusieurs fois avec un minimum de 12 jours ouvrables (2 semaines) pris en continu.

VOIR AUSSI

- **Le contrat de travail** *(fiche 33)*
- **Les conditions de travail** *(fiches 35 et 37)*

MOTS CLÉS

- **Repos quotidien**
- **Repos hebdomadaire**
- **Jours fériés**
- **Congés payés**

TESTEZ-VOUS

A. Quelle est la durée quotidienne et hebdomadaire du repos accordé au travailleur ?
B. Quel est le nombre de jours fériés en France ?
C. Quelle est la durée des congés payés ?
D. Comment sont-ils calculés ?

Corrigés p. 121.

L'indemnité de congés payés

■ Si le salarié n'a pas pris ses congés, une indemnité de congés payés lui est due qui peut se calculer de deux manières :
– 1/10e de la rémunération totale (salaire, primes, avantages en nature...) ;
– le salaire qu'il aurait perçu s'il avait travaillé.

■ Si le contrat prend fin avant que le salarié ait pris ses congés (ou s'il a été malade pendant la période de congés imposée car l'entreprise a fermé) il a le droit à une **indemnité compensatrice** de congés payés (sauf faute lourde).

5. Les congés légaux et particuliers

Les congés légaux pour événements familiaux

■ Au titre des congés légaux pour événements familiaux, le salarié peut bénéficier de : 4 jours pour son mariage (ou remariage) ; 3 jours par naissance ou adoption ; 2 jours pour le décès d'un enfant, conjoint ou partenaire PACSé ; 1 jour pour le mariage d'un enfant, pour le décès du père, de la mère, du beau-père, de la belle-mère, d'un frère ou d'une sœur.

■ La convention collective applicable à l'entreprise peut prévoir des jours de congés supplémentaires.

Les congés particuliers

■ Le salarié peut prendre quelques jours de congés pour des événements familiaux (mariage, décès, naissance...). Le congé paternité, qui s'ajoute aux 3 jours d'absence du Code du travail, est d'une durée maximale de 11 jours consécutifs au plus (samedi, dimanche et jour férié compris) pour un enfant (18 en cas de naissances multiples) à prendre dans les quatre mois de la naissance.

■ Il peut prendre un congé plus conséquent pour d'autres événements familiaux : le congé maternité dont la durée est de 16 semaines (6 semaines avant la date présumée de l'accouchement et 10 semaines après) ou le congé parental d'éducation d'un an maximum, renouvelable deux fois, pour le père ou la mère qui ont au moins un an d'ancienneté dans l'entreprise.

■ Des congés lui sont accordés dans le cas d'une formation : congé de reconversion pour un salarié qui risque d'être licencié, congé sabbatique pour réaliser un projet personnel, se lancer dans une activité professionnelle, sans que son contrat de travail ne soit rompu pendant le congé...

LES CONDITIONS DE TRAVAIL : LE SALAIRE

37

■ En principe, le salaire est librement fixé dans le contrat conformément aux lois (respect du SMIC qui garantit le maintien du pouvoir d'achat des salariés les plus défavorisés), règlements et conventions collectives. Souvent les conventions collectives présentent des grilles de rémunérations qui servent de référence pour les employeurs.

1. Les éléments du salaire

Le salaire de base

■ Le salaire est généralement un salaire au temps (mais il peut être au rendement, au pourcentage), payé une fois par mois : c'est le principe de la **mensualisation des salaires**.

Les heures supplémentaires

■ Les heures supplémentaires sont les heures effectuées au-delà de la durée légale (35 heures) ou conventionnelle. Elles sont payées avec une majoration de :
- 25 % de la 36e à la 43e heure (avec un minimum de majoration de 10 %) ;
- 50 % au-delà de la 43e heure.

Les accessoires du salaire

■ Les **pourboires** rémunèrent le personnel dans certaines professions (ex. : garçons de café) mais l'employeur doit assurer le complément, si le total des pourboires n'atteint pas le SMIC.

■ La **prime** a un caractère obligatoire si elle est générale, constante (versée régulièrement) et si son mode de calcul est préalablement défini (ex. : prime d'ancienneté, de fin d'année), tandis que la **gratification** est une libéralité (ex. : prime du centenaire de l'entreprise), elle est exceptionnelle.

■ Les **indemnités** sont des remboursements de frais engagés (ex. : transport) qui ne font pas partie du salaire et sont donc exonérées de cotisations sociales.

■ Les **avantages en nature** (voiture, téléphone portable, ordinateur portable, logement de fonction…) font partie du salaire (ils sont évalués forfaitairement).

L'intéressement

■ Dans les entreprises de plus de 50 salariés, la loi impose un système de participation aux résultats de l'entreprise : les sommes dédiées à la participation sont mise sur un compte rémunéré et versées aux salariés au bout de cinq ans (elles sont exonérées d'impôts).

VOIR AUSSI

- **La contrepartie du travail : le salaire** *(fiche 4)*
- **Le contrat de travail** *(fiche 33)*
- **Les conditions de travail** *(fiches 35 et 36)*

MOTS CLÉS

- **Intéressement**
- **Saisie arrêt**

■ D'autres systèmes existent, mais ils sont fondés sur l'accord des salariés comme :
– l'**intéressement** des salariés où les sommes ne sont bloquées que 3 ans ;
– le **plan d'épargne d'entreprise** qui permet aux salariés de se constituer un portefeuille de valeurs mobilières ;
– le **plan d'épargne interentreprises** pour les entreprises de moins de 50 salariés qui se regroupent ;
– les **stocks options** : options d'achat d'actions distribuées aux dirigeants ou cadres pour les fidéliser.

2. Les modalités de paiement du salaire

■ L'employeur doit respecter certaines règles pour le paiement :
– il doit être fait en monnaie ayant cours légal (en euro) et jamais en nature ;
– les salaires supérieurs à 1 500 euros par mois doivent être fait par chèque ou virement ;
– il doit être fait à intervalles réguliers (les salariés sont généralement mensualisés, donc payés une fois par mois) sur les lieux de travail et pendant le temps de travail.
■ Il est obligatoire de remettre un **bulletin de paie** à chaque paie. Il doit contenir des mentions obligatoires suivantes : le nom de l'entreprise, les coordonnées du salarié, la référence à la convention collective, le détail du salaire (salaire de base, heures supplémentaires...), les cotisations salariales et patronales et le salaire net à payer.

3. Les garanties du salaire

La saisie arrêt sur salaire

■ Lorsque le salarié a des dettes, ses créanciers peuvent saisir une fraction de son salaire pour récupérer leur dû. La part saisissable varie selon l'importance du salaire et le nombre de personnes à charge.

Protection contre les créanciers de l'employeur

■ Quand l'entreprise rencontre des difficultés financières graves, les salariés sont protégés contre les créanciers de l'entreprise, car le salaire est leur seule source de revenu : un **super-privilège** pour être payés les premiers de leurs 60 derniers jours de travail et un **privilège** pour leurs six derniers mois de salaire (mais ils ne sont plus prioritaires).
■ Si l'employeur n'a pas les fonds nécessaires pour assurer le superprivilège, c'est l'AGS (Assurance pour la garantie des salaires) qui avancera l'argent.

TESTEZ-VOUS

A. La liberté de fixation du salaire est-elle totale ?
B. Citez un accessoire du salaire.
C. Citez un exemple de formule d'intéressement des salariés aux résultats.

Corrigés p. 119.

LES LIBERTÉS INDIVIDUELLES AU TRAVAIL

38

1. Les droits à l'embauche

■ Si le **lien de subordination** est la caractéristique essentielle du contrat de travail, l'employeur doit respecter les libertés individuelles liées à la personne du salarié ou à sa vie privée. Il est donc interdit à l'employeur de faire des **discriminations** (des différences de traitement) selon l'âge, le sexe, les mœurs, l'origine éthnique, la religion, la situation familiale, l'état de santé, l'appartenance à un syndicat, etc.

■ L'employeur ne peut demander que des informations présentant un lien direct avec l'emploi à pourvoir (aptitudes professionnelles, capacités à occuper le poste, personnalité), mais pas d'informations sur la vie privée (état de grossesse, appartenance à un syndicat...).

■ L'employeur doit informer le comité d'entreprise des méthodes de recrutement utilisées (tests, entretien, analyse graphologique...).

■ Le salarié a le droit de négocier son contrat de travail (il peut discuter son salaire ou demander un aménagement de ses horaires de travail).

2. Les libertés lors de l'exécution du travail

Le respect de la personne du salarié

■ L'employeur doit s'abstenir de tout **harcèlement** physique, moral ou sexuel et doit s'engager à faire cesser tout harcèlement de la part de ses collaborateurs.

■ Pour la sécurité, des systèmes de contrôle pour identifier les personnes circulant dans l'entreprise par des procédés informatiques comme une carte à puces ou un badge électronique peuvent être mis en place, à condition d'avoir été au préalable déclarés à la CNIL (Commission informatique et libertés) et le salarié doit être mis au courant de l'installation de ces procédés.

■ Si l'employeur utilise des moyens de surveillance ou de contrôle des salariés (ex. : caméra), le salarié doit être préalablement mis au courant de la mise en place de ces procédés (sauf si l'installation se fait dans des lieux où il n'y a pas de travailleurs, comme les hangars de stockage). Les caméras sont interdites dans certains lieux, comme les vestiaires ou les toilettes.

VOIR AUSSI

- **Les conséquences du lien de subordination** *(fiche 39)*
- **Les libertés collectives au travail** *(fiche 40)*

MOTS CLÉS

- **Discrimination**
- **Harcèlement**
- **Respect**
- **CNIL**

TESTEZ-VOUS

A. Qu'appelle-t-on une discrimination ?
B. Quel genre de questions peut poser un employeur à un candidat à l'embauche ?
C. Un employeur peut-il installer librement des caméras de surveillance ?
D. Un employeur peut-il visiter à sa guise l'ordinateur d'un employé ?

Corrigés p. 121.

■ L'employeur ne peut effectuer des recherches dans le disque dur de ses salariés, ni ouvrir les fichiers personnels à leur insu, car cela correspondrait à une intrusion dans leur vie privée (sauf événements particuliers). Il ne peut y accéder qu'avec l'accord du salarié et en sa présence. En revanche, un salarié doit permettre à son employeur d'accéder librement à ses dossiers professionnels.

■ L'utilisation d'Internet à des fins personnelles est tolérée dans l'entreprise si l'usage du salarié est raisonnable (des salariés ont été licenciés pour un usage immodéré d'Internet). De même, l'employeur n'a pas le droit d'ouvrir les courriers électroniques personnels de ses salariés.

Le respect des engagements

■ L'employeur doit respecter les termes du contrat de travail, c'est-à-dire fournir le travail proposé et payer le salaire convenu.

Le respect des obligations légales

■ L'employeur doit respecter les lois comme :
- l'égalité homme-femme ;
- le minimum légal (SMIC) ;
- les minima professionnels définis par les conventions collectives ;
- l'emploi de travailleurs handicapés (6 % des emplois leur sont réservés dans les entreprises de plus de 20 salariés mais possibilité de verser une contribution à un organisme spécialisé pour s'acquitter de l'obligation).

Le respect du droit d'expression

■ Le salarié a le droit de s'exprimer directement auprès de son supérieur hiérarchique ou auprès de l'employeur sans passer par les institutions représentatives du personnel (délégués du personnel) ou les syndicats

LES CONSÉQUENCES DU LIEN DE SUBORDINATION

39

1. Les pouvoirs du chef d'entreprise

Le pouvoir de direction

■ L'employeur dirige son entreprise et les salariés qui y travaillent. Il est le seul juge de l'opportunité des décisions à prendre concernant la gestion de l'entreprise : il embauche, détermine les conditions de travail, les modifie éventuellement, licencie aussi.

Le pouvoir règlementaire

■ Par le **règlement intérieur**, l'employeur fixe unilatéralement les conditions d'exécution du travail dans l'entreprise. Ce règlement intérieur est obligatoire dans les entreprises de plus de 20 salariés et détermine :
- les règles relatives à la discipline : horaires, absences, sanctions ;
- les dispositions relatives aux droits de la défense des salariés en cas de sanctions disciplinaires (assistance, représentation...) ;
- les dispositions relatives à la protection contre le harcèlement sexuel ou moral ;
- les règles applicables en matière d'hygiène et de sécurité : respecter les consignes, ne pas introduire d'alcool sur les lieux de travail, ne pas fumer ;
- les clauses contraires aux lois et règlements ou conventions collectives limitant les droits des personnes et libertés individuelles (sauf si elles sont justifiées par la nature du travail à effectuer).

■ Les **clauses discriminatoires** (physique, sexuelle, religieuse...) sont interdites.

■ L'inspecteur du travail peut exiger à tout moment leur retrait ou modification.

Le pouvoir disciplinaire

■ L'employeur peut prendre des sanctions s'il considère que le comportement d'un salarié est fautif. Cette mesure peut affecter immédiatement ou non la présence du salarié dans l'entreprise, sa fonction, sa carrière, sa rémunération.

■ Les **sanctions** peuvent être (par ordre croissant d'importance) : l'avertissement (verbal), le blâme, la mise à pied, la mutation, le blocage de carrière (ou de rémunération), la rétrogradation et le licenciement.

■ Les sanctions pécuniaires sont interdites.

■ Dans tous les cas, l'employeur doit convoquer le salarié pour lui indiquer les motifs de la sanction. Le salarié peut se faire assister par une personne de l'entreprise. La sanction doit être justifiée et fondée sur des éléments objectifs.

■ Le salarié peut contester la sanction devant le Conseil de prud'hommes. Ce tribunal pourra annuler la sanction si elle n'est pas justifiée, disproportionnée par rapport à la faute ou si la procédure n'a pas été respectée, mais il ne peut pas la modifier.

2. La contestation des pouvoirs du chef d'entreprise par le salarié

Principe et organisation

■ Si le Tribunal de grande instance (TGI) est compétent pour résoudre les conflits collectifs (grèves), c'est le **conseil des prud'hommes** qui est compétent pour les litiges individuels.

■ Le conseil des prud'hommes est une juridiction paritaire composée de juges élus par les salariés et les employeurs pour 5 ans rééligibles. Il est organisé en cinq sections autonomes (agriculture, industrie, commerces et services, encadrement, activités diverses) dont chacune juge les litiges individuels dans le cadre de ses compétences.

■ Chaque section est composée de 8 conseillers (4 pour les salariés et 4 pour les employeurs) et le président est à tour de rôle un salarié ou un employeur.

■ Chacune des formations comporte un bureau de conciliation et un bureau de jugement.

La procédure devant le conseil des prud'hommes

■ La procédure a lieu à deux niveaux :

– Le **bureau de conciliation**, composé d'un conseiller prud'homal employeur et d'un conseiller prud'homal salarié, recherche un accord entre les parties. Si cette conciliation est possible, un procès verbal exécutoire s'imposera aux parties. Sinon, l'affaire est renvoyée devant le bureau de jugement.

– Le **bureau de jugement**, composé de deux conseillers salariés et deux conseillers employeurs. statue sur le fonds du litige. Le salarié, comme l'employeur, peut se faire représenter par un avocat, le représentant d'un syndicat (ouvrier ou patronal). En cas d'égalité des voix entre les conseillers, il est fait appel à un juge du tribunal d'instance (juge départiteur) pour trancher le litige.

■ Le jugement rendu par le conseil des prud'hommes peut faire l'objet d'un recours devant la cour d'appel ou la Cour de cassation selon le montant du litige.

VOIR AUSSI

• **Les conditions de travail** *(fiches 35 à 37)*

• **Les libertés individuelles au travail** *(fiche 38)*

MOTS CLÉS

• **Pouvoir de gestion**

• **Pouvoir règlementaire**

• **Pouvoir disciplinaire**

• **Conseil des prud'hommes**

TESTEZ-VOUS

A. Quelles sont les conséquences du lien de subordination qui lie salarié et employeur ?

B. Dans quel cas le règlement intérieur est-il obligatoire ?

C. Citez la plus faible sanction.

D. Devant quel tribunal un salarié peut-il contester une décision de l'employeur ?

Corrigés p. 121.

LES LIBERTÉS COLLECTIVES AU TRAVAIL

40

1. Les délégués du personnel

Définition et attributions

■ Instaurés en 1936, ces **représentants du personnel** sont les porte-parole des salariés : ils ont pour tâche la présentation à l'employeur des réclamations individuelles et collectives du personnel concernant l'application du Code du travail et des conventions ou accords collectifs. L'employeur doit réunir ses délégués une fois par mois dans un local mis à leur disposition.

■ Ils sont élus pour quatre ans, par les salariés dans les entreprises de plus de 10 salariés et leur nombre varie avec l'effectif de l'entreprise : ils apportent à l'employeur les revendications du personnel, informent les salariés des résultats de leurs démarches, peuvent déposer plainte auprès de l'inspecteur du travail, accompagnent l'inspecteur pendant sa visite de l'entreprise, collaborent avec le CHSCT (comité d'hygiène, de sécurité et des conditions de travail) et remplacent le comité d'entreprise dans les établissements de moins de 50 salariés.

Moyens

■ Le délégué bénéfice d'un crédit d'heures (10 heures/mois si l'entreprise emploie de 11 à 49 salariés et 15 heures/mois au-delà).

■ Il dispose d'un local de réunion et de panneaux d'affichage.

■ Il a la liberté de se déplacer dans l'entreprise.

■ Il est protégé contre le licenciement.

2. Le comité d'entreprise

Définition

■ Le **comité d'entreprise** est un organe de représentation du personnel qui donne son avis sur la gestion de l'entreprise et gère ses œuvres sociales. Il est composé du **chef d'entreprise** (comme président), des **salariés élus** comme membres (élus pour quatre ans), de **représentants des syndicats** avec voix consultatives (ils ne votent pas les décisions mais donnent leur avis).

Attributions

■ Il a des attributions de gestion des œuvres sociales et culturelles (cantine, bibliothèque, arbre de Noël, colonies de vacances), des attributions consultatives sur l'emploi, l'organisation du travail et les garanties sociales, sur la bonne marche de l'entreprise, sa gestion et son évolution économique et financière (les documents financiers lui sont communiqués).

Moyens

■ Il a le droit à un **crédit d'heures** : 20 heures par mois pour exercer ses fonctions (heures rémunérées).

■ Il a le droit à un **local** pour les réunions au moins une fois par mois dans les entreprises d'au moins 150 salariés (sinon, une fois tous les deux mois).

■ Il a droit à une subvention de fonctionnement de l'employeur (au minimum 0,2 % de la masse salariale brute) et une subvention pour les œuvres sociales et culturelles.

■ Les membres du CE sont protégés contre le licenciement : il faut l'autorisation des autres membres du CE et de l'inspecteur du travail pour licencier un membre du CE.

3. Les élections des délégués du personnel et du comité d'entreprise

Modalités

■ Le chef d'entreprise organise les élections des délégués du personnel et du comité d'entreprise tous les 4 ans.

■ Si l'entreprise a plus de 25 salariés, les élections sont divisées en deux collèges : celui des employés et ouvriers et celui des cadres.

Conditions pour être électeur

■ L'électeur doit avoir 16 ans minimum et doit travailler depuis au moins trois mois dans l'entreprise.

Conditions pour être éligible

■ Le candidat doit avoir au moins 18 ans et doit être dans l'entreprise depuis au moins un an.

■ Il ne doit pas être un membre de la famille du chef d'entreprise.

■ Une loi de 1993 permet aux entreprises de 50 à 200 salariés de regrouper délégués et membres du CE dans une délégation unique.

VOIR AUSSI

- **Les conséquences du lien de subordination** *(fiche 39)*
- **Syndicats et délégations syndicales d'entreprise** *(fiche 41)*
- **L'expression des salariés par la grève** *(fiche 42)*

MOTS CLÉS

- **Délégués du personnel**
- **Comité d'entreprise**

TESTEZ-VOUS

A. Quel est le rôle des délégués du personnel ?
B. Quels sont les rôles du comité d'entreprise ?
C. Pour quelle durée sont élus ces représentants ?
D. De quelle protection bénéficient ces représentants ?

Corrigés p. 121.

SYNDICATS ET DÉLÉGATIONS SYNDICALES D'ENTREPRISE

41

1. Les syndicats

Définition et rôle

■ Un **syndicat** est un groupement de personnes exerçant la même profession (ou des professions annexes) et ayant pour but la défense des droits et intérêts moraux et matériels individuels et collectifs de leurs membres.

■ Le syndicat joue deux rôles au sein de l'entreprise :
- un **rôle revendicatif** car il défend les intérêts professionnels, matériels et moraux de ses membres, organise des grèves... La loi lui reconnaît la personnalité juridique lui permettant d'agir en justice ;
- un **rôle représentatif** car il a le monopole de la présentation des candidats au premier tour des élections professionnelles et nomme les délégués syndicaux à la tête des sections syndicales d'entreprise.

Notion de représentativité

■ La loi détermine la représentativité d'un syndicat selon plusieurs critères cumulatifs :
- le respect des valeurs républicaines impliquant la liberté d'opinion et le refus de toute discrimination ;
- l'indépendance vis-à-vis de l'employeur, de son financement ;
- la transparence financière ;
- une ancienneté minimale de deux ans dans le champ professionnel et géographique de la négociation ;
- l'audience caractérisée par l'activité et l'expérience (actions menées, expérience, implantation).

■ Un syndicat doit prouver sa représentativité selon ces critères et doit aussi prouver son audience :
- **au niveau national ou de la branche professionnelle** : il doit avoir recueilli au moins 8 % des suffrages exprimés au premier tour des dernières élections de représentants du personnel ;
- **au niveau de l'entreprise** : il doit avoir recueilli au moins 10 % des suffrages exprimés au 1er tour des dernières élections de comité d'entreprise ou délégués du personnel.

■ S'il est représentatif, il fait partie des partenaires sociaux qui participent à la négociation et à la signature des conventions et accords collectifs.

■ Les principaux **syndicats de salariés** sont la **CGT** (confédération générale du travail), la **CFDT** (confédération française démocratique du travail), la **CFTC** (confédération française des travailleurs chrétiens), la **CGC** (confédération générale des cadres). Les **principaux syndicats patronaux** sont le **Medef** (mouvement des entreprises de France) et la **CGPME** (confédération générale des petites et moyennes entreprises). Les autres organisations doivent apporter la preuve de leur représentativité selon les critères définis.

2. La section syndicale d'entreprise

■ La loi permet à tout syndicat représentatif de créer une section syndicale dans l'entreprise pour représenter les intérêts matériels et moraux de leurs adhérents. La présence d'un délégué syndical, désigné par le syndicat parmi les salariés adhérents, n'est possible que si l'effectif atteint 50 salariés (sinon c'est un délégué du personnel qui peut remplir ce rôle s'il l'accepte et sans crédit d'heures).

■ La section dispose de panneaux d'affichage pour y présenter librement les informations syndicales, peut distribuer des tracts aux salariés dans l'enceinte de l'entreprise aux heures d'entrée et de sortie, dispose d'un local pour ses réunions et peut collecter des cotisations à l'intérieur de l'entreprise. Les adhérents peuvent se réunir une fois par mois dans l'entreprise en dehors du temps de travail.

3. Le délégué syndical

Nomination et droits du délégué syndical

■ Le **délégué syndical** est nommé par le syndicat dans les entreprises de plus de 50 salariés. Il doit avoir au moins 18 ans et un an d'ancienneté dans l'entreprise. Leur nombre varie avec l'effectif.

■ Pour exercer ses fonctions, le délégué syndical bénéficie d'un crédit d'heures (10, 15 ou 20 heures par mois selon l'effectif). Ces heures de délégation sont payées comme des heures de travail. Il peut se déplacer librement dans l'entreprise ou en dehors pendant ses heures de délégation. Il est protégé contre le licenciement car il faut une autorisation de l'inspecteur du travail pour le licencier.

Évolution

■ Une loi de 2008 permet à un syndicat non représentatif de créer une section mais le délégué syndical s'appellera « représentant de la section syndicale ».

VOIR AUSSI

- **Les libertés collectives au travail** *(fiche 40)*

MOTS CLÉS

- **Syndicat**
- **Section syndicale d'entreprise**
- **Délégué syndical**
- **Représentativité**

TESTEZ-VOUS

A. Qu'est-ce qu'un syndicat ?
B. Quel est le niveau d'audience minimum requis au niveau national ou de l'entreprise pour qu'un syndicat soit dit représentatif ?
C. De quels moyens dispose un syndicat dans l'entreprise ?
D. À partir de quel effectif y a-t-il un délégué syndical dans l'entreprise ?

Corrigés p. 121.

L'EXPRESSION DES SALARIÉS PAR LA GRÈVE

42

1. La grève

Définition et formes

■ La **grève** est une cessation concertée et collective du travail par des salariés en vue de contraindre l'employeur à céder à leurs revendications. C'est un droit reconnu par la Constitution.

■ Il existe plusieurs formes de grève :
- la grève sauvage : grève surprise ;
- le débrayage : arrêts de travail répétées pendant une courte période ;
- la grève tournante : les services se mettent en grève à tour de rôle dans le but de paralyser l'activité ;
- la grève du zèle : travail effectué en respectant toutes les procédures d'exécution ce qui freine l'activité ;
- la grève perlée : travail au ralenti ;
- la grève avec occupation des locaux : piquets de grève à l'entrée ;
- la grève de solidarité : arrêt de travail pour soutenir les revendications de collègues de travail, d'une autre entreprise ou d'une profession ;
- la grève politique.

■ Certaines grèves sont **licites** comme la grève de solidarité (s'il s'agit de la même profession).

■ D'autres sont **illicites** comme la grève avec occupation des locaux, le débrayage, la grève tournante (dans le secteur public), la grève perlée, la grève du zèle (il n'y a pas d'arrêt de travail dans ces deux cas) ou la grève de solidarité (dans une autre profession ou une autre branche).

■ Les grévistes ne peuvent pas nuire aux installations (interdiction de dégrader ou de détruire les machines ou les locaux) ni à la liberté du travail (les grévistes ne peuvent empêcher les non-grévistes de travailler).

■ Si l'employeur craint pour la sécurité de l'entreprise, il peut préventivement procéder à la fermeture de l'entreprise : c'est le *lock-out* (ce procédé est illicite).

Conséquences pour le salarié gréviste

■ La grève entraîne un arrêt de l'activité. Le contrat de travail est suspendu mais pas rompu. Le salarié reste couvert par la Sécurité sociale. Il retrouve son poste de travail après le conflit, mais il perd la part de salaire correspondant au temps de grève. En cas de faute grave ou lourde du gréviste (destruction de matériels, abandon d'un poste de sécurité), l'employeur peut licencier immédiatement le salarié et sans indemnité.

■ Un employeur ne peut remplacer un salarié gréviste par un intérimaire ou un travailleur temporaire.

Conséquences pour le salarié non gréviste

■ Comme les grévistes ne doivent pas empêcher les non-grévistes de travailler, ceux-ci percevront leur salaire. En cas d'empêchement, ils seront payés s'ils restent à la disposition de l'employeur.

2. La résolution de la grève

■ Une grève se résout devant le Tribunal de grande instance (TGI). Pour éviter le recours au tribunal, trois procédures sont possibles.

La conciliation

■ La **conciliation** vise à rapprocher les points de vue des parties grâce à l'intervention d'un tiers pour parvenir à un accord. Elle est contractuelle quand elle est prévue par une clause du contrat ou un accord collectif du travail ou réglementaire. Dans le cas contraire, elle implique l'intervention du directeur départemental ou régional du travail (ou du ministre du Travail au plan national). Si la procédure réussit, un procès verbal de conciliation est signé et sera obligatoirement exécuté (il a valeur d'une convention collective) sinon on peut opter pour la médiation.

La médiation

■ Le **médiateur** est choisi par le préfet ou le ministre du Travail. Il est chargé de recevoir les demandes des parties et peut effectuer toutes les enquêtes nécessaires à la résolution du conflit. À la fin de l'enquête, dans le délai d'un mois, il convoque les parties et leur propose une solution (appelée « recommandation ») qu'ils peuvent accepter ou refuser (ils ont 8 jours pour refuser et doivent motiver leur décision). Acceptée, la recommandation devient applicable. Refusée, le ministre du Travail rendra publiques les conclusions et la position des parties.

L'arbitrage

■ Les parties choisissent un arbitre qui prendra une décision appelée « **sentence** » et qui sera obligatoire.

VOIR AUSSI

- **Syndicats et délégations syndicales d'entreprise** *(fiche 41)*
- **Les conditions de travail** *(fiches 35 à 37)*

MOTS CLÉS

- **Grève**
- ***Lock-out***
- **Conciliation**
- **Médiation**
- **Arbitrage**

TESTEZ-VOUS

A. Qu'est-ce qui caractérise une grève ?
B. Quelles sont les conséquences de la grève pour le gréviste ?
C. De quels moyens dispose le chef d'entreprise pour résoudre une grève ?

Corrigés p. 122.

LA RUPTURE DU CONTRAT DE TRAVAIL

43

1. La rupture à l'initiative du salarié

Définition

■ La **démission** est l'acte par lequel le salarié fait connaître à l'employeur sa décision de rompre le contrat de travail. Elle résulte d'une volonté personnelle, claire et non équivoque. Le salarié décide librement, il n'a pas à motiver sa décision. Aucune forme n'est imposée, mais les conventions collectives imposent souvent un écrit pour servir de preuve.

Conséquences

■ Le dirigeant n'est pas obligé d'accepter la démission, mais il ne peut pas retenir le salarié.

■ Le salarié ne peut pas revenir sur sa décision (en principe).

■ La date de démission fixe le début du préavis : le salarié continuera son travail pendant un certain temps pour que l'employeur ait le temps de le remplacer.

■ En principe le salarié démissionnaire n'a le droit à aucune indemnité sauf dans certains cas (ex. : le salarié qui démissionne pour suivre son conjoint muté).

2. La rupture à l'initiative de l'employeur

■ Le **licenciement** est la rupture du contrat de travail à l'initiative de l'employeur pour une **faute** (licenciement pour motif personnel) ou pour **cause économique** (licenciement économique).

■ L'employeur doit justifier cette rupture par l'existence d'une **cause réelle et sérieuse** (une faute suffisamment grave pour empêcher la poursuite du contrat ou des difficultés économiques). Il est très réglementé.

3. Le licenciement pour motif personnel

Cause

■ Le licenciement est fondé sur des causes tenant à la personne du salarié (ex. : absences répétées, même justifiées par un certificat médical, incompatibilité d'humeur, refus d'obéissance...). Le motif du licenciement doit être réel (effectif et constatable objectivement). Il doit être sérieux : le comportement du salarié (ou sa faute) doit être d'une gravité suffisante pour rendre impossible la continuation du contrat de travail.

VOIR AUSSI

- **Le contrat de travail** *(fiche 33)*
- **Les conséquences du lien de subordination** *(fiche 39)*

MOTS CLÉS

- **Démission**
- **Licenciement**

■ La faute peut résulter d'une **action** (insuffisance professionnelle, ivresse au travail, violence...) ou d'une **omission** (ne pas se conformer aux horaires, ne pas exécuter les ordres, ne pas porter l'uniforme...).

■ La faute est plus ou moins importante : la **faute légère** ne justifie pas le licenciement (un retard occasionnel), la **faute sérieuse** peut justifier un licenciement mais avec indemnités (des retards répétés) et la **faute grave** (faute professionnelle ou altercation) ou **lourde** (dénigrement, vol...) entraîne le licenciement sans indemnités.

Procédure

■ Trois étapes sont à respecter, quelle que soit la taille de l'entreprise, l'ancienneté du salarié ou le motif du licenciement :

– la **convocation à un entretien préalable** : la convocation doit être faite au moins 5 jours à l'avance par lettre recommandée avec accusé de réception (LRAR) ou remise en mains propres (avec une décharge) ;

– l'**entretien** : l'employeur y expose les motifs du licenciement. Le salarié peut se faire assister par un représentant du personnel (ou une personne extérieure choisie pour ses compétences ou son expérience en droit du travail) ;

– la **notification du licenciement** : elle est faite par lettre recommandée avec accusé de réception (LRAR) au moins 2 jours francs ouvrables après l'entretien (48 heures) et elle doit contenir les motifs du licenciement.

4. Le licenciement individuel pour motif économique (voir fiche 44)

5. Les documents remis à la fin du contrat

■ Le **certificat de travail** est un document contenant la date d'entrée et de sortie de l'entreprise, la nature des postes occupés et les périodes correspondantes, sans mentions défavorables pour le salarié.

■ L'**attestation Pôle emploi** permet au salarié licencié de faire valoir ses droits à l'assurance chômage (elle est remise avec le certificat de travail).

■ Le **reçu pour solde de tout compte** est une attestation par laquelle le salarié reconnaît avoir reçu toutes les sommes qui lui sont dues par l'employeur. Le salarié a six mois pour contester le montant reçu.

TESTEZ-VOUS

A. Qui décide de la démission ?
B. Quelle est la raison d'un licenciement pour motif personnel ?
C. Quelles étapes doit respecter un employeur qui veut licencier un salarié pour motif personnel ?

Corrigés p. 122.

LE LICENCIEMENT POUR MOTIF ÉCONOMIQUE

44

1. Définition

■ Constitue un licenciement économique le licenciement effectué par l'employeur pour un ou plusieurs motifs non liés à la personne du salarié. Ces motifs peuvent résulter de difficultés économiques (ex. : une réduction d'activité), d'une mutation technologique (ex. : automatisation d'un poste), d'une réorganisation de l'entreprise (ex. : abandon d'une activité), d'une suppression d'emploi ou d'une modification des emplois ou du refus d'un salarié d'une modification importante du contrat de travail.

2. Les contraintes de l'employeur

Réglementation

■ Depuis une loi de 2005, le licenciement économique ne peut intervenir que lorsque tous les efforts de formation et d'adaptation ont été réalisés et que le reclassement du salarié n'est pas possible. L'employeur doit proposer à chaque salarié licencié des mesures d'évaluation des compétences professionnelles et d'accompagnement en vue d'un reclassement. Il a une priorité de réembauchage pendant un an à sa demande.

Modalités

■ Dans les entreprises de plus de 50 salariés, l'employeur établit obligatoirement un **plan de sauvegarde de l'emploi** si le licenciement concerne 10 salariés et plus dans le délai de 30 jours. Ce plan a pour objectif d'éviter les licenciements et de faciliter le reclassement. Ce reclassement prend la forme d'un **contrat de sécurisation professionnelle** dans les entreprises de moins de 1 000 salariés ou d'un **congé de reclassement** ou de mobilité dans le cas contraire.

3. Le licenciement individuel pour motif économique

■ La procédure est la même que pour le licenciement pour faute personnelle.

■ L'employeur doit proposer en plus :
– un **contrat de sécurisation professionnelle** (CSP) qui permet au salarié (ayant au moins 1 an d'ancienneté) de bénéficier d'un ensemble de mesures favorisant son reclassement accéléré dans les entreprises de moins de 1000 salariés. Le salarié a un délai de 21 jours pour accepter ou refuser. En cas d'accord, le salarié devient stagiaire de formation profes-

sionnelle pour 12 mois et percevra una allocation de 80 % de son salaire journalier ;
– un **congé de reclassement** (dans les entreprises de plus de 1 000 salariés) : le salarié se voit proposer des formations (pendant 4 à 9 mois) pendant lesquelles il est rémunéré. Il a 8 jours pour accepter. S'il refuse, le contrat de travail continue jusqu'à la fin du préavis.

4. Le petit licenciement pour motif économique

■ Le « **petit licenciement** » concerne de 2 à 9 salariés. L'employeur doit réunir le comité d'entreprise ou les délégués du personnel pour les associer à l'opération. Trois jours avant la réunion, l'employeur les convoque en leur joignant les raisons du projet, le nombre de salariés concernés, les critères retenus pour déterminer l'ordre des licenciements, les mesures d'accompagnement...
■ Ensuite, il convoque les salariés licenciés, fait un entretien où il leur propose une **convention de conversion**. Il notifie le licenciement par LRAR et informe l'inspection du travail à la DIRECCTE (Direction régionale des entreprises, de la concurrence, de la consommation, du travail et de l'emploi).

5. Le grand licenciement pour motif économique

■ Le « **grand licenciement** » concerne 10 salariés licenciés et plus dans les 30 jours. L'employeur convoque le comité d'entreprise (ou les délégués du personnel) et lors de la réunion, présente son projet de licenciement et les mesures d'accompagnement prévues pour limiter les licenciements.
■ La 1re réunion a pour objet de présenter les mesures du plan par l'employeur (le CE peut faire appel à un expert comptable). À la 2e réunion, l'employeur met à l'étude les suggestions formulées, en refuse certaines (il doit se justifier). Si le CE fait appel à un expert comptable pour vérifier la situation de l'entreprise, une 3e réunion est nécessaire pour écouter ses conclusions.
■ Dans les entreprises de plus de 50 salariés, l'employeur doit présenter un plan de sauvegarde de l'emploi ou des mesures de reclassement. Il informe la DIRECCTE et notifie les licenciements par LRAR.

VOIR AUSSI

- **La rupture du contrat de travail** *(fiche 43)*
- **L'encadrement des licenciements** *(fiche 45)*
- **Les autres ruptures du contrat de travail** *(fiche 46)*

MOTS CLÉS

- **Licenciement économique**
- **Petit licenciement**
- **Grand licenciement**

TESTEZ-VOUS

A. Qu'est-ce qu'un licenciement économique ?
B. Quelle obligation a l'employeur ?
C. Quelle différence faites-vous entre petit et grand licenciement ?
D. Quelle est la particularité des procédures de licenciement collectif ?

Corrigés p. 122.

L'ENCADREMENT DES LICENCIEMENTS

45

1. Le préavis

Définition

■ La rupture du contrat de travail ne doit pas être brutale, aussi la loi prévoit-elle de laisser à l'autre partie le temps de retrouver un nouvel emploi (ou un nouvel employé si c'est le salarié qui démissionne). Le **préavis** est la période qui s'écoule entre la notification de la rupture (démission ou licenciement) et la cessation effective du travail.

■ Sauf en cas de faute grave ou lourde, qui justifient le licenciement immédiat, l'employeur doit respecter un **délai-congé** dont la durée varie en fonction de l'ancienneté du salarié :
- si l'ancienneté est inférieure à 6 mois, la durée est fixée par la convention collective ou les usages ;
- entre 6 mois et 2 ans, la durée est fixée par la loi à 1 mois ;
- au-dessus de 2 ans, la durée est fixée par la loi à 2 mois.

Déroulement

■ Le contrat de travail est maintenu, chacun exécute ses obligations.

■ Le salarié a droit de prendre deux heures par jour rémunérées pour rechercher un nouvel emploi (il est possible de regrouper ses heures ou de les cumuler en fin de préavis).

Cas de dispense

■ Le préavis est supprimé :
- en cas de **faute grave ou lourde** : le licenciement est immédiat (et aucune indemnité n'est due) ;
- en cas d'**accord entre les parties** : l'accord peut prévoir ou non le paiement d'une indemnité pour compenser la perte de salaire.

■ Si l'employeur demande au salarié de ne pas effectuer son préavis, il devra lui payer une indemnité de préavis. Celle-ci sera égale à la rémunération que le salarié aurait dû percevoir pendant la période (un mois ou deux).

VOIR AUSSI

- **La rupture du contrat de travail** *(fiche 43)*
- **Le licenciement pour motif économique** *(fiche 44)*
- **Les autres ruptures du contrat de travail** *(fiche 46)*

MOTS CLÉS

- **Préavis**
- **Indemnité de licenciement**

2. Les indemnités de licenciement

Principe

■ Une **indemnité de licenciement** est due par l'employeur au salarié en cas de licenciement, sauf en cas de faute grave ou lourde, à condition que le salarié ait au moins un an d'ancienneté dans l'entreprise.

■ Son montant s'élève à 1/5e de mois de salaire par année d'ancienneté et 2/15e au-delà de 10 ans. Le salaire de référence est la moyenne des 3 derniers mois de salaire ou la moyenne des 12 derniers mois (on retiendra la formule la plus avantageuse pour le salarié).

Les autres indemnités

■ Une **indemnité de brusque rupture** est due au salarié si l'employeur l'a dispensé du préavis.

■ L'**indemnité de congés payés** solde les droits à congés du salarié qui n'a pas pu les prendre.

■ L'**indemnité de rupture abusive** est due si le salarié a été injustement licencié. Le conseil des prud'hommes peut prononcer la réintégration du salarié, mais il ne l'impose pas. Si le salarié la refuse, il aura le droit à une indemnité variable selon son ancienneté : 6 mois de salaire s'il a plus de 2 ans d'ancienneté dans l'entreprise (sinon, l'indemnité est calculée selon le préjudice subi) et l'employeur devra rembourser tout ou partie des allocations chômage versées du jour du licenciement jusqu'à la date du jugement (maximum 6 mois de prestations).

3. L'indemnisation du salarié

■ Les indemnités sont dues aux salariés, mais une faute de celui-ci peut avoir une incidence sur le versement des indemnités :
– en cas de **licenciement abusif** : le salarié a droit à son indemnité de licenciement, de rupture abusive, de préavis, de congés payés ;
– en cas de **licenciement sans faute** : le salarié a droit à son indemnité de licenciement, de préavis et de congés payés ;
– en cas de **licenciement pour faute grave** : le salarié n'a droit qu'à son indemnité de congés payés ;
– en cas de **licenciement pour faute lourde** : le salarié n'a droit à rien.

TESTEZ-VOUS

A. Quel est l'intérêt du préavis ?
B. Quelle somme perçoit le salarié licencié ?
C. Dans quel cas ne la percevra-t-il pas ?

Corrigés p. 122.

LES AUTRES RUPTURES DU CONTRAT DE TRAVAIL

46

1. La retraite

■ La **retraite** peut être à l'initiative du salarié car, à partir de 60 ans, il aura droit à une indemnité de départ en retraite. La réforme de 2010 a relevé l'âge de départ à la retraite, dans la plupart des cas. À partir de 2017, l'âge minimum pour partir à la retraite sera de 62 ans, contre 60 ans précédemment. Il reste possible de partir avant cet âge à certaines conditions, notamment lorsqu'on a commencé à travailler très jeune. Lorsque le travailleur demande la mise en paiement de sa retraite, on parle de « **liquidation des droits à la retraite** ».

Les trois âges légaux

■ L'âge minimal pour partir à la retraite est de **62 ans** pour les personnes nées à partir du 1er janvier 1955. Pour pouvoir percevoir une pension complète (c'est-à-dire à taux plein), il faut avoir cotisé un certain nombre de trimestres. Si le salarié remplit ces deux conditions d'âge et de durée de cotisation, il percevra sa retraite de base à taux plein et sa retraite complémentaire sans minoration. Entre 62 et 67 ans, le salarié peut partir à la retraite, mais sa pension sera alors réduite : une **décote** sera appliquée.

■ **À 67 ans**, un salarié qui n'a pas cotisé le nombre de trimestres nécessaire pourra partir à la retraite sans pénalité de minoration (décote). Néanmoins, sa pension sera calculée au prorata du nombre de trimestres cotisés, mais il pourra percevoir sa retraite complémentaire.

■ **À 70 ans**, un employeur du secteur privé peut mettre d'office en retraite un salarié contre son gré par une procédure de licenciement économique (il devra donc lui verser une indemnité). Le salarié bénéficiera d'une pension de retraite à taux plein.

Les cas de départ anticipé

■ Le **départ anticipé pour carrière longue** est possible pour les personnes ayant commencé à travailler très jeunes, avant 18 ans.

■ Le **départ anticipé pour handicap** est possible à partir de l'âge de 55 ans, à certaines conditions.

■ Le **départ anticipé pour carrière pénible** est réservé aux personnes justifiant d'une incapacité permanente d'au moins 20 % (ou 10 % à certaines conditions). Elles bénéficieront d'une retraite à taux plein quel que soit le nombre de trimestres validés.

VOIR AUSSI

- **La rupture du contrat de travail** *(fiche 43)*
- **Le licenciement pour motif économique** *(fiche 44)*
- **L'encadrement des licenciements** *(fiche 45)*

MOTS CLÉS

- **Retraite**
- **Départ négocié**

TESTEZ-VOUS

A. Quelles sont les conditions pour bénéficier d'une retraite à taux plein ?
B. Quelles sont les conditions d'un départ négocié ?
C. Quel avantage apporte le cas de force majeure à l'employeur ?

Corrigés p. 122.

2. La transaction

■ L'employeur et le salarié peuvent décider de mettre fin par **consentement mutuel** au contrat de travail. En principe, cet accord mutuel ne peut être remis en cause. Par ailleurs, les dispositions relatives au licenciement ou à la démission ne s'appliquent pas. La loi elle-même autorise la rupture du contrat de travail par consentement mutuel. Les juges autorisent la rupture du contrat de travail à l'amiable aussi bien pour motif personnel (ex. : en cas de mésentente entre salarié et employeur) que pour motif économique (la procédure de licenciement pour motif économique doit, en tout ou partie, être suivie).

Déroulement

■ La volonté de chacune des parties doit être certaine et l'accord doit résulter d'une volonté claire et non équivoque, être exempte de vice (erreur, dol et violence). Légalement, la rupture amiable n'est soumise à aucune condition de forme particulière, mais il est conseillé de prévoir un écrit pour des questions de preuve. En effet, en cas de litige, celui qui invoque la rupture amiable doit apporter la preuve de l'existence de l'accord mutuel. Il est donc prudent de mentionner par écrit : la nature, la date et les circonstances de la rupture, les décisions prises sur les obligations liées au contrat (clause de non-concurrence, véhicule de fonction, etc.) et les indemnités versées.

Contestation

■ Deux situations différentes doivent être envisagées :
– en cas **de fraude à la loi** ou de **consentement vicié**, une action en nullité peut être intentée auprès du conseil des prud'hommes. La rupture amiable sera requalifiée en licenciement. Le salarié peut alors recevoir diverses indemnités et des dommages-intérêts pour le préjudice subi ;
– en cas d'**inexécution de l'accord par une partie**, l'autre partie peut demander son exécution forcée ou sa résolution en justice.

3. Le cas de force majeure

■ Le cas de force majeure est l'événement imprévisible, insurmontable et extérieur qui empêche l'exécution du contrat de travail comme un incendie, une inondation. Cela évite à l'employeur de verser des indemnités aux salariés mais ces derniers ont une priorité de réembauchage.

LES PRINCIPES JURIDIQUES DE L'ACTIVITÉ ÉCONOMIQUE

47

1. La liberté du commerce et de l'industrie

Principes

■ En France, le droit repose sur la liberté du commerce et de l'industrie qui date de la Révolution de 1789. Cette liberté recouvre :
- la **liberté d'entreprendre** : droit d'exercer l'activité de son choix ;
- la **liberté d'exploiter** : droit de gérer l'activité à sa guise ;
- la **liberté de la concurrence** : droit d'attirer la clientèle mais loyalement.

Limites

■ L'exercice de ces libertés peut engendrer des tensions entre les acteurs économiques et sociaux (entreprises, consommateurs, salariés, État).

■ Le droit encadre donc ces libertés par des mesures d'ordre public :
- règles d'ordre public de **direction** : elles visent à protéger l'intérêt général et à assurer les grands équilibres économiques : interdiction ou règlementation de certaines activités, respect de la concurrence loyale (interdiction d'ententes illicites ou de concentration qui suppriment toute concurrence, respect de l'environnement) ;
- règles d'ordre public de **protection** : pour rétablir l'équilibre entre les parties en présence comme un employeur et un salarié (respect du SMIC, de la durée du travail, des règles de licenciement...) ou entre une entreprise et un consommateur (obligation d'information, publicité honnête...).

Les règles communautaires

■ Chaque État membre de l'Union européenne peut faire disparaître les entraves susceptibles de freiner les échanges commerciaux au sein de l'Union. En plus du principe de la liberté d'entreprise qui existait déjà, l'Union européenne a instauré la libre circulation des biens et des services, des capitaux et des personnes pour réaliser le grand marché intérieur.

Les règles internationales

■ Les **accords de l'OMC** (Organisation mondiale du commerce) ont pour objectif de faciliter le commerce mondial en développant le libre-échange et en supprimant toutes les barrières tarifaires et non tarifaires (ex. : tracasseries administratives).

VOIR AUSSI

- **La régionalisation des échanges** *(fiche 22)*
- **L'organisation des échanges internationaux** *(fiche 24)*

MOTS CLÉS

- **Ordre public de direction**
- **Ordre public de protection**

TESTEZ-VOUS

A. Quels sont les trois principes sur lesquels repose la liberté du commerce et de l'industrie ?
B. Quel est l'intérêt d'une règle d'ordre public de direction ?
C. Qu'appelle-t-on « concurrence déloyale » ?
D. Citez un procédé de concurrence déloyale.

Corrigés p. 122.

2. La loyauté de la concurrence

Notion de concurrence loyale et déloyale

■ La liberté du commerce permet d'utiliser des moyens pour attirer la clientèle (publicité, promotions...) mais cela doit rester honnête. On ne peut admettre qu'un commerçant détourne, par des moyens frauduleux, la clientèle de ses concurrents à son profit. Les tribunaux définissent la concurrence déloyale comme « tout comportement contraire à un certain sens de l'honneur et de la probité dans le domaine commercial ».

Catégories de comportements déloyaux

■ Sont considérés comme déloyaux :
- le **dénigrement** : quand une entreprise répand des informations malveillantes sur la personne, l'entreprise ou les produits d'un concurrent ;
- la **désorganisation interne d'un concurrent** (ex. : débauchage de salariés) ;
- la **recherche d'une confusion** dans l'esprit de la clientèle par une imitation du nom, de l'enseigne ou des produits du concurrent (on parle de **parasitisme** dans ce cas).

Sanctions

■ La concurrence déloyale entraîne la responsabilité de son auteur. Une action en justice est donc possible pour le commerçant lésé si trois éléments sont réunis :
- une faute qui résulte des agissements déloyaux ;
- un préjudice : la perte de clientèle (réalisée ou prévisible) ;
- un lien de causalité : le dommage doit résulter des agissements du concurrent.

■ Les **sanctions** sont :
- la cessation des agissements déloyaux (sous astreinte souvent) ;
- des dommages et intérêts ;
- la publication de la condamnation dans la presse.

LES PRATIQUES ANTICONCURRENTIELLES

48

1. Notion de pratiques anticoncurrentielles

■ Les **pratiques anticoncurrentielles** ont pour effet de restreindre, de fausser le libre jeu de la concurrence. L'entreprise cherche à influencer le marché :
- en se concertant (en faisant des ententes avec d'autres entreprises) ;
- en abusant de sa puissance économique sur un partenaire (abus de position dominante) ;
- en abusant de sa position sur le marché (en se groupant avec d'autres entreprises).

2. Les ententes

■ Les ententes sont des accords entre entreprises qui entraînent une atteinte au libre jeu de la concurrence (peu importe la forme de l'entente, écrite ou non). L'entente n'est pas condamnable en elle-même, mais il faut distinguer la bonne de la mauvaise entente. La **bonne entente** contribue au développement du progrès économique (amélioration de la qualité, baisse des prix), la **mauvaise entente** fausse le jeu de la concurrence (entente sur les prix, répartition du marché, boycott d'un concurrent).

Les règles nationales

■ La mauvaise entente pourra être poursuivie devant l'Autorité de la concurrence qui, après étude de la pratique (aspects positifs et négatifs) la déclarera licite ou illicite.

■ Si elle est déclarée illicite, l'Autorité fera cesser les agissements illicites, imposera la publication de la décision dans la presse ou infligera une sanction financière (jusqu'à 10 % du chiffre d'affaires hors taxes réalisé en France au cours de l'exercice précédent par les entreprises concernées).

Les règles communautaires

■ Dès la création du marché commun, le traité de Rome interdit les ententes qui portent atteinte au commerce intracommunautaire. C'est la **Commission de Bruxelles** qui est compétente. Elle est saisie par les entreprises concernées ou toute personne intéressée (ex. : les victimes de l'entente) et elle peut aussi se saisir d'office.

■ Elle fera des recommandations avant de prendre des sanctions :
- injonction de cesser les agissements sous astreinte (pénalité financière en jour, semaine, mois, pour faire cesser les agissements interdits) ;

VOIR AUSSI

- **Les principes juridiques de l'activité économique** *(fiche 47)*
- **Structures de coopération entre entreprises** *(fiche 56)*

MOTS CLÉS

- **Pratiques anticoncurrentielles**
- **Entente**
- **Astreinte**
- **Abus de position dominante**
- **Concentration**

TESTEZ-VOUS

A. Qu'appelle-t-on une « pratique anti-concurrentielle » ?
B. Dans quels cas une entente entre entreprises est-elle condamnable ?
C. Qu'est-ce qu'un abus de position dominante ?
D. Qui sanctionne les ententes ou abus de position dominante en France et dans l'UE ?

Corrigés p. 122.

– sanction pécuniaire : jusqu'à 10 % du chiffre d'affaires de l'exercice précédent pour chaque entreprise concernée par l'entente.

3. L'abus de position dominante

■ Une entreprise est en **position dominante** si sa part de marché ou sa supériorité dans un domaine particulier (lié à une innovation technologique par exemple) lui permet de se soustraire à la concurrence (la situation s'apprécie par rapport au marché : il doit y avoir exploitation anormale de la situation).
■ C'est l'Autorité de la concurrence au niveau français et la Commission européenne qui sanctionnent cet abus dans les mêmes conditions que les ententes.

4. Le contrôle des concentrations

Modalités

■ Sans les interdire, les droits français et européens disposent d'un système d'autorisation et de contrôle des opérations de concentration. Le contrôle s'effectue sur les fusions, prises de contrôle d'autres sociétés, création de filiales communes et toute opération donnant à son bénéficiaire une influence déterminante sur d'autres entreprises (on ne vise que la croissance externe).

Les règles nationales

■ Une **demande préalable** à la concentration (si celle-ci est d'importance et dépasse certains seuils) doit être adressée par les entreprises concernées au ministre de l'Économie (l'administration peut se saisir d'office). Après avis de l'Autorité de la concurrence, le ministre a trois possibilités : autoriser l'opération, l'interdire ou la subordonner à des mesures permettant de maintenir la concurrence. Des sanctions pécuniaires sont prévues en cas de non-respect de la décision.

Les règles communautaires

■ La concentration doit être au préalable déclarée à la Commission européenne qui a 4 mois pour l'autoriser, avec ou sans conditions, ou l'interdire. Depuis 2000, il existe une procédure simplifiée pour traiter des opérations de concentration qui ne soulèvent pas de problèmes.

LES PRATIQUES RESTRICTIVES DE CONCURRENCE

49

■ Les pratiques restrictives de concurrence ont pour effet de restreindre le libre jeu de la concurrence. Elles sont donc sanctionnées par les législations.

1. Les formes de pratiques restrictives de concurrence

La revente à perte

■ La **revente à perte**, pratique interdite, consiste à proposer un « prix de vente aux consommateurs abusivement bas par rapport aux coûts de production, de transformation et de commercialisation, qui ont pour effet d'éliminer d'un marché ou d'empêcher d'accéder à un marché une entreprise ou l'un de ses produits ».

■ Elle entraîne l'élimination des entreprises concurrentes qui n'ont pas les moyens de la pratiquer (l'entreprise ne fait pas de bénéfice dans ce cas et il faut une solidité financière pour pouvoir couler le concurrent).

Le refus de vente

■ Le **refus de vente aux particuliers** est interdit sauf si :
- la demande est anormale (ex. : demander un article à un grossiste) ;
- la demande est de mauvaise foi (ex. : pour dénigrer le produit) ;
- le client est mauvais payeur ou insolvable ;
- il y a indisponibilité matérielle : le commerçant n'a pas le produit en stock (il n'est pas obligatoire de reconstituer ses stocks) ou parce que le produit demande un outillage spécifique ;
- il y a indisponibilité juridique : un produit peut être disponible uniquement chez un concessionnaire ou un franchisé.

■ Le refus de vente peut avoir un motif légitime s'il est, par exemple, justifié par la loi qui réglemente certaines ventes : alcool aux mineurs, alcool le soir dans les stations-service, armes, produits toxiques, substances dangereuses pour la santé, etc. En revanche, le refus de vente entre professionnels est autorisé.

Rupture brutale de relations commerciales

■ La **rupture brutale de relations commerciales** est le fait qu'un fournisseur ne livre plus son revendeur ou le revendeur qui refuse tout produit du fournisseur sans raison.

VOIR AUSSI

- **Les pratiques anticoncurrentielles** *(fiche 48)*

MOTS CLÉS

- **Revente à perte**
- **Refus de vente**
- **Déréférencement abusif**
- **Pratiques discriminatoires**

Le déréférencement abusif

■ Le **déréférencement abusif** est une menace de rupture des relations pour obtenir des dérogations à la vente.

Les pratiques discriminatoires

■ Les pratiques discriminatoires sont la pratique ou l'obtention d'un partenaire (client ou fournisseur) des conditions avantageuses sans contrepartie justifiée (réelle et sérieuse).

2. Procédures et sanctions

Procédures

■ La pratique concernant la plupart du temps des commerçants, le Tribunal de commerce est compétent pour la sanctionner. Si l'action oppose un commerçant et un non-commerçant, ce dernier a le choix entre la juridiction civile et commerciale. Le demandeur commerçant devra obligatoirement opter pour le juge civil.

■ Le conseil des prud'hommes est compétent pour les litiges opposant un employeur à son ancien salarié commettant des actes déloyaux.

■ La revente d'un produit en l'état à un prix inférieur à son prix d'achat effectif est punie de 75 000 euros d'amende.

■ En ce qui concerne la compétence territoriale, le demandeur peut porter l'affaire devant la juridiction du domicile du défendeur, celle du lieu du fait dommageable ou encore celle du lieu où le dommage a été subi.

■ L'action pour actes déloyaux se prescrit dans un délai de cinq ans.

Sanctions

■ La principale sanction en matière de concurrence déloyale est l'attribution de **dommages et intérêts**. Leur montant peut être très variable et sera toujours apprécié par le juge. La répétition ou la durée des agissements peuvent être aggravantes. L'évaluation du préjudice subi est difficile à estimer (souvent selon le chiffre d'affaires), mais le préjudice peut aussi consister en un manque à gagner qui sera difficile à évaluer.

■ Le tribunal imposera la publication des sanctions dans un journal spécialisé.

TESTEZ-VOUS

A. Quel est le but de la revente à perte ?
B. Quand le refus de vente n'est-il pas sanctionné ?
C. Quel est souvent le tribunal compétent pour juger ces pratiques ?
D. Comment sont sanctionnées ces pratiques ?

Corrigés p. 122.

LES CARACTÉRISTIQUES DES ENTREPRISES INDIVIDUELLES

50

1. Notion d'entreprise

■ L'entreprise est au centre du circuit économique. Elle peut se définir comme la réunion de moyens matériels, humains et financiers organisés en vue de produire des biens et des services sur le marché. Cette organisation n'est pas reconnue juridiquement. Il n'y a donc aucune définition de « l'entreprise ».

■ Pour exercer une activité commerciale, l'entrepreneur doit choisir un cadre juridique selon différents critères :
- Veut-il exercer seul le pouvoir de décision ou le partager ?
- Quelle sera son activité ? (civile ou commerciale ?)
- Nécessite-t-elle des moyens importants ?
- Quelle part de responsabilité veut-il avoir ? (totale ou limitée ?)

■ La forme la plus simple est **l'entreprise individuelle**.

2. L'entreprise individuelle

Caractéristiques et avantages

■ L'entrepreneur individuel, qui apporte la totalité des moyens nécessaires à l'activité, exerce seul le pouvoir de décision. Pour créer une entreprise individuelle, il suffit de faire une déclaration d'existence au **CFE** (Centre de formalités des entreprises) qui va se charger de l'immatriculation au **Registre du commerce et des sociétés** (RCS), des déclarations aux organismes sociaux (URSSAF) et fiscaux.

■ Aucun capital minimum de départ n'est exigé. Cette forme intéresse principalement les commerçants et artisans.

Inconvénients

■ Comme l'entreprise individuelle se confond avec l'entrepreneur, le patrimoine de l'entreprise se confond avec celui de l'entrepreneur : il est donc seul responsable de la totalité des dettes sur ses biens personnels.

■ L'entrepreneur ne pourra compter souvent que sur ses ressources personnelles pour financer ses investissements (peu de garanties). La confusion des patrimoines entraîne l'application du principe de « **transparence fiscale** » : les revenus de l'activité seront ajoutés aux revenus de l'exploitant et imposés à l'impôt sur le revenu.

VOIR AUSSI

- **Les principes juridiques de l'activité économique** *(fiche 47)*

MOTS CLÉS

- **Auto-entrepreneur**
- **EIRL**

■ Sur le plan social, le financement de sa protection sociale est lourd.

■ En outre, la transmission de l'entreprise est difficile car les droits de succession sont élevés, il peut y avoir des problèmes de succession, s'il y a plusieurs héritiers ou mésentente entre eux.

Les dispositifs de protection des créateurs

■ Des mesures ont tenté d'améliorer la situation de l'entrepreneur individuel. La **loi Madelin** (1994) institue que les biens professionnels doivent être saisis en priorité pour payer les dettes de l'entreprise. La **loi Dutreil** (2003) permet à l'entrepreneur de déclarer insaisissable sa résidence principale par un acte notarié.

3. Les nouvelles formes d'entreprises individuelles

L'auto-entrepreneur

■ Le statut de l'**auto-entrepreneur** a été créé afin de favoriser la création d'entreprises et de simplifier les démarches des entrepreneurs individuels.

■ Mis en place en 2009, il s'adresse aux demandeurs d'emploi, étudiants, salariés, fonctionnaires ou retraités (et aux professions libérales depuis 2010) qui veulent exercer une activité commerciale, artisanale, libérale, à titre principal ou complémentaire dont le chiffre d'affaires ne dépassera pas 81 500 euros HT pour des entreprises d'achat-revente de biens et 32 600 euros HT pour des prestations de services.

■ Les auto-entrepreneurs ont la liberté de créer facilement leur activité par une déclaration sur Internet ou auprès du centre de formalités des entreprises. L'entrepreneur ne facturera pas de TVA, sera soumis au régime de la micro-entreprise et ne payera de cotisations sociales qu'en fonction des recettes encaissées.

L'EIRL (entreprise individuelle à responsabilité limitée)

■ Depuis 2011, une loi autorise l'entrepreneur individuel à affecter un patrimoine à son activité professionnelle, patrimoine distinct de son patrimoine personnel, ce qui lui permet de protéger ses biens personnels des poursuites des créanciers professionnels.

TESTEZ-VOUS

A. Quel est le principal avantage de l'entreprise individuelle ?
B. Quel est le principal inconvénient de l'entreprise individuelle ?
C. Quelle est la particularité de l'auto-entrepreneur ?
D. Quelle est la particularité de l'EIRL ?

Corrigés p. 122.

LES CARACTÉRISTIQUES DES SOCIÉTÉS

51

1. Notion de contrat de société

Définition

■ Le contrat de société est défini par l'article 1832 du Code civil : « la société est instituée par deux ou plusieurs personnes qui conviennent par un contrat d'affecter à une entreprise commune des biens ou leurs industries en vue de partager le bénéfice ou de profiter de l'économie qui pourra en résulter. Elle peut être instaurée, dans les cas prévus par la loi, par l'acte de volonté d'une seule personne. Les associés s'engagent à contribuer aux pertes. »

Eléments caractéristiques

■ Le contrat de société doit répondre aux conditions de validité des contrats qui sont :
- un consentement exempt de vices (erreur, dol ou violence) ;
- une capacité ;
- un objet certain et licite ;
- une cause licite et non contraire à l'ordre public et aux bonnes mœurs.

■ En plus des conditions de validité des contrats, le contrat de société présente trois caractéristiques :
- faire un **apport** : les associés peuvent faire un apport en numéraire (argent), en nature (bâtiments, machines...) ou en industrie (savoir-faire, compétences apportées par un associé). L'apport en industrie est interdit dans la SA. Ces apports constituent le capital social. En contrepartie, l'associé reçoit un titre représentatif de sa part dans le capital : une part sociale (ou une action dans la SA). Le pourcentage détenu dans le capital détermine la part de bénéfices ou la contribution aux pertes ;
- avoir un **but lucratif** : le but de la société est la recherche d'un bénéfice ou le partage d'une économie, ce qui la distingue de l'association ;
- **participer activement à la vie de la société et contribuer aux objectifs fixés** : cette volonté des associés de s'engager dans les actes de la société s'appelle l'*affectio societatis* (c'est un élément ajouté par la jurisprudence).

VOIR AUSSI

- **Les principes juridiques de l'activité économique** *(fiche 47)*
- **Les formes de sociétés** *(fiche 52)*
- **La particularité des sociétés unipersonnelles** *(fiche 53)*

MOTS CLÉS

- **Contrat de société**
- **Apport en nature**
- **Apport en numéraire**
- **Apport en industrie**
- ***Affectio societatis***
- **But lucratif**

TESTEZ-VOUS

A. Quelles sont les trois caractéristiques spécifiques de la société ?
B. Que définissent les statuts ?
C. Quelle est la conséquence de l'immatriculation d'une société ?
D. Comment s'organise le pouvoir dans une société ?

Corrigés p. 122.

2. Les conséquences du contrat de société

Les formalités de publicité

■ La naissance de la société entraîne le respect d'un certain nombre de formalités de publicité légale :
– la **rédaction de statuts** indiquant la raison ou la dénomination sociale (nom de la société) : la forme juridique, le siège social, la durée, le montant du capital, l'objet social, le nombre d'associés, le fonctionnement de la société... ;
– le **dépôt** de ces statuts au greffe du tribunal de commerce du siège social ;
– la **publication dans un journal d'annonces légales** d'un extrait des statuts (avis de constitution) afin d'informer les tiers (futurs clients, fournisseurs, administrations...) de la création de la société.

■ Ces formalités permettent **l'immatriculation de la société au RCS** (Registre du commerce et des sociétés) et l'acquisition de la personnalité morale.

L'attribution de la personnalité juridique

■ La société, personne morale, a les attributs d'une personne juridique : un nom (raison ou dénomination sociale), un domicile (le siège social), une nationalité (celle du siège social), un patrimoine social qui lui est propre.

■ En devenant une personne juridique autonome, la société peut accomplir, par l'intermédiaire de ses représentants, des actes en son nom, entrant dans le cadre de son objet social défini par les statuts : agir en justice, signer des contrats...

L'organisation de la société

■ Ce sont les associés qui ont le pouvoir dans la société. Ils s'expriment lors de l'assemblée générale où le droit de vote est en principe proportionnel à l'apport. Ils désignent des mandataires sociaux pour diriger la société et la représenter vis-à-vis des tiers :
– dans les petites sociétés : c'est souvent celui qui détient la majorité qui est le gérant (propriété et pouvoir sont donc liés) ;
– dans les grandes sociétés, les associés choisissent un tiers comme manager, chargé de gérer au mieux les biens des associés (propriété et pouvoir sont donc séparés).

52

LES FORMES DE SOCIÉTÉS

1. Les sociétés de personnes

Caractéristiques

■ Les associés s'unissent en considération de leur personnalité (*intuitu personae*), ce qui fait que la cession de parts à une personne extérieure à la société demande l'accord de tous les associés. Ces derniers sont commerçants. La loi n'exige pas de capital minimum, car les associés devront puiser dans leur patrimoine personnel pour combler les dettes de la société. Ils ont une grande liberté pour organiser le fonctionnement de la société.

Exemple type : la SNC

■ Dans une **société en nom collectif** (SNC), les associés sont au minimum deux, personnes morales ou physiques. Tous les associés sont gérants, mais conservent une grande liberté ; ils peuvent décider qu'un associé ou un tiers sera gérant. Pour révoquer un associé gérant, il faut l'unanimité.

■ Avec les associés, le gérant a tous les pouvoirs de gestion, d'administration et de disposition, mais ses actes et décisions sont limités à leur conformité à l'intérêt de la société et à l'objet social. Avec les tiers, la société est engagée par tous les actes des gérants à condition qu'ils soient conformes à l'objet social. Les décisions se prennent en général à l'unanimité.

2. Les sociétés de capitaux

Caractéristiques

■ Dans une **société de capitaux**, la personnalité de l'associé importe peu, seul l'argent apporté compte. Les associés, appelés **actionnaires**, n'ont pas la qualité de commerçant (c'est la société qui l'est) et leur responsabilité est limitée aux apports. La loi impose donc un capital minimum.

Exemple type : la SA

■ La **société anonyme** est conçue en vue d'un fort développement de l'activité, avec un capital social plus conséquent, ainsi qu'un nombre d'associés et un système d'administration développés. Son capital minimum est de 37 000 euros. Elle est composée de 7 associés au minimum. Ces associés peuvent être des personnes physiques ou morales. La responsabilité des associés est limitée à leur apport.

■ Une SA est dirigée par un conseil d'administration, composé de 3 à 18 personnes, qui doivent être obligatoirement des actionnaires de la société. Le conseil d'administration élit parmi ses membres un président.

VOIR AUSSI

- **Les caractéristiques des sociétés** *(fiche 51)*

MOTS CLÉS

- **SNC**
- **SA**
- **SARL**
- **AGO**
- **AGE**

TESTEZ-VOUS

A. Quelle est la principale caractéristique d'une société de personnes ?
B. Quelle est la principale caractéristique d'une société de capitaux ?
C. Pourquoi parle-t-on de société mixte ?
D. Donnez un exemple des trois catégories.

Corrigés p. 122.

Un directeur général est aussi nommé et assure les opérations de gestion courante de l'entreprise et représente la société, mais elle peut être dirigée aussi par un directoire (2 à 5 membres) contrôlé par un conseil de surveillance (3 à 12 membres).

■ D'autres sociétés sont aussi dans cette catégorie :
– la **société par actions simplifiée** (SAS) qui est une SA avec une grande souplesse de fonctionnement (le capital a été ajusté sur les SARL pour faciliter sa création, son montant minimum est donc de 1 euro) ;
– la **société européenne** (SE) qui n'est pas attachée à un pays déterminé, ce qui lui permet de déménager facilement.

3. Les sociétés mixtes ou intermédiaires

Caractéristiques

■ Les sociétés mixtes ou intermédiaires sont :
– des **sociétés de personnes** : les parts sociales ne sont pas librement cessibles, car il faut l'accord des associés représentant les 3/4 du capital dans la SARL (ou 2/3 si la SARL a été créée après le 2 août 2005) ;
– des **sociétés de capitaux** : les associés ne sont pas commerçants, ils ne supportent les pertes qu'à concurrence de leurs apports.

Exemple type : la SARL

■ La **société à responsabilité limitée** (2 à 100 associés) a un capital minimum d'un euro. La société est dirigée par un ou plusieurs gérants, personnes physiques obligatoirement. En l'absence de limitations statutaires, les gérants ont tout pouvoir pour agir au nom et pour le compte de la société. Leur nomination et leurs pouvoirs sont fixés, soit dans les statuts, soit dans un acte séparé.

■ Les associés se réunissent au minimum une fois par an en **assemblée générale ordinaire** (AGO) pour l'approbation annuelle des comptes. Les décisions se prennent à la majorité simple (50 % + 1 voix). Les décisions entraînant une modification des statuts (augmentation de capital) se prennent en **assemblée générale extraordinaire** (AGE). Les associés présents ou représentés doivent posséder au moins 1/4 des parts sociales lors de la 1re convocation de l'AGE (quorum). À défaut, la 2e AGE se réunit et les associés doivent posséder au moins 1/5 des parts sociales (décisions à la majorité des 2/3 des voix).

LA PARTICULARITÉ DES SOCIÉTÉS UNIPERSONNELLES

53

1. L'exception des sociétés unipersonnelles

■ L'article 1832 du Code civil énonce que « la société est instituée par deux ou plusieurs personnes qui conviennent par un contrat d'affecter à une entreprise commune des biens ou leurs industries en vue de partager le bénéfice ou de profiter de l'économie qui pourra en résulter. *Elle peut être instaurée, dans les cas prévus par la loi, par l'acte de volonté d'une seule personne*. Les associés s'engagent à contribuer aux pertes. »

■ En principe donc, la société est **pluripersonnelle** : il faut être au minimum deux pour s'associer, mais la loi dit qu'elle peut être créée avec une seule personne (appelée associé unique). C'est le cas de l'**EURL** (entreprise unipersonnelle à responsabilité limitée) et de la **SASU** (société par actions simplifiée unipersonnelle).

2. L'EURL (entreprise unipersonnelle à responsabilité limitée)

Caractéristiques

■ L'EURL est une forme de SARL (société à responsabilité limitée) à associé unique, bénéficiant de formalités et de procédures simplifiées. Il n'y a qu'un seul associé, qui détient 100 % du capital.

■ L'EURL a un capital social, des statuts, son (ou ses) compte(s) bancaire(s). Elle a un gérant (pas nécessairement son propriétaire). La différence fondamentale avec les autres formes d'entreprises unipersonnelles (auto-entrepreneur, EIRL, entreprise individuelle) est que l'EURL est une **personne morale**, donc distincte de l'entrepreneur, alors que dans les autres formes, il n'y a qu'une seule personne, l'entrepreneur (personne physique), car l'entreprise est confondue avec l'entrepreneur.

L'organisation de la société

■ L'**associé unique** est le propriétaire de l'EURL. Il nomme le (ou les) gérant(s), décide de sa rémunération, approuve les comptes de l'entreprise. Dans la plupart des cas, le gérant est l'associé unique.

■ Toutes les décisions doivent être notées dans le registre des assemblées et décisions.

■ L'EURL est l'entité qui signe les contrats, facture les clients, paye les fournisseurs, etc. L'associé-gérant peut se verser une rémunération. Celle-ci est déductible du résultat de l'EURL. Après clôture d'un exercice, si l'EURL a des liquidités, l'associé peut décider de se verser des dividendes.

VOIR AUSSI

- **Les caractéristiques des sociétés** *(fiche 51)*
- **Les formes de sociétés** *(fiche 52)*

MOTS CLÉS

- **EURL**
- **SASU**

■ L'EURL possède des avantages :
- séparation de patrimoine entre l'entreprise (personne morale) et son propriétaire ;
- un capital minimum de 1 euro ;
- possibilité de nommer un gérant différent de l'associé ;
- la rémunération du gérant-associé est assimilée à un salaire ;
- possibilité d'évolution vers la SARL si l'associé unique veut développer son activité (suite logique) ;
- facilité de transmission du patrimoine : la transmission des parts sociales n'est taxée qu'à 1 % de leur valeur.

■ Mais elle possède aussi quelques inconvénients : des coûts de fonctionnement plus élevés qu'une entreprise individuelle (ex : obligation de faire des statuts, de faire l'inventaire, de faire une assemblée générale pour approuver les comptes...) et obligation de déposer son bilan et ses résultats annuels au greffe du tribunal de commerce comme une société.

3. La SASU (société par actions simplifiée unipersonnelle)

■ La **SASU** est une SAS à un seul associé. Elle est dirigée par un président. Elle est surtout mise en place dans le cadre de projets de création d'entreprise de taille importante et avec un fort potentiel de développement. Elle a l'obligation de rédiger des statuts comme toute société, mais une grande liberté est laissée dans la rédaction ; le capital est librement fixé dans les statuts (mais pas de capital minimum). Ce capital sera divisé en actions dont la vente est libre. Elle possède un associé unique qui peut être une personne physique ou morale.

■ La SASU compte certains avantages :
- une grande souplesse de fonctionnement ;
- une responsabilité financière de l'associé unique limitée au montant de son apport : il ne peut donc pas être poursuivi sur son patrimoine personnel pour des dettes de sa société ;
- pas de rapport de gestion annuel si l'activité de la SASU ne dépasse pas certains seuils ;
- une possibilité d'évolution : la SASU peut devenir SAS ou SA.

■ Elle possède aussi quelques inconvénients : des formalités coûteuses pour la constitution, car elle doit se plier au formalisme des sociétés et un fonctionnement souple mais plus onéreux qu'une entreprise individuelle.

TESTEZ-VOUS

A. Quelle est la particularité d'une société unipersonnelle ?
B. Qui peut diriger une EURL ?
C. Quel est le montant minimum du capital d'une EURL ou d'une SASU ?
D. Qui dirige une SASU ?

Corrigés p. 122.

LA SOCIÉTÉ COOPÉRATIVE ET PARTICIPATIVE (SCOP)

54

1. Aspects juridiques

■ La **société coopérative et participative** est une société commerciale (sous forme de SA ou SARL). Le capital est ouvert aux associés extérieurs, mais de façon limitée (maximum : 49 % du capital et 35 % du droit de vote). Ce capital est variable.

2. Les principes coopératifs

■ Comme toutes les entreprises, la SCOP a une organisation et une direction. Seules les grandes décisions stratégiques sont prises avec l'ensemble des salariés associés lors des assemblées générales. La direction prend les décisions courantes qui sont d'autant mieux acceptées que ce sont les salariés qui les ont eux-mêmes choisies. Les rapports sociaux sont plus équilibrés.

■ Dans les sociétés coopératives, la primauté est donnée à la **personne humaine** sur le capital selon la règle « une personne égale une voix ».

■ Les réserves de la SCOP, qui ne peuvent en aucun cas devenir la propriété individuelle des associés, restent la propriété de la SCOP.

■ L'attribution du statut d'associé se fait par **cooptation** lors de l'assemblée générale de l'entreprise, souvent au terme de deux années d'ancienneté (période fixée dans les statuts).

■ Le réseau des SCOP, coordonné par la Confédération générale des SCOP, est présent sur tout le territoire avec 13 unions régionales et 3 fédérations de métiers et accompagne la création, la reprise et la transformation d'entreprise.

■ La recherche de fonds propres peut parfois s'avérer problématique pour les SCOP. C'est pourquoi le réseau des SCOP a mis en place de nombreux outils financiers pour les soutenir dans leur création et leur développement.

3. Particularités des associés

■ Les associés de la SCOP sont majoritairement salariés : le pouvoir dans la SCOP appartient aux salariés associés qui sont responsables de la bonne marche de leur entreprise. Il n'y a donc pas opposition entre les intérêts des associés (apporteurs de capitaux) et ceux des salariés (qui prennent leur part dans la valeur ajoutée produite et diminuent ainsi la rémunération du capital).

4. Particularités de gestion

■ La SCOP est une **entreprise collective** : il doit y avoir au moins deux salariés associés co-entrepreneurs qui gèrent de façon démocratique un instrument de production collectif. Le gérant est obligatoirement salarié.

■ Soumise à l'impératif de rentabilité comme toute entreprise, elle bénéficie :
- d'une **gouvernance démocratique** : chaque salarié-coopérateur ne dispose que d'une seule voix lors de l'assemblée générale (une personne = une voix, et non pas une part sociale = une voix comme dans les sociétés). Le gérant est obligatoirement salarié (il bénéficie d'indemnités de chômage en cas de licenciement) ;
- d'une **répartition des résultats** favorisant la pérennité des emplois et du projet d'entreprise car le résultat est réparti en trois « parts » : travail (participation des salariés), capital (dividendes, obligatoirement limités voir nuls) et réserves pour financer les investissements (elles ne peuvent être distribuées).

■ Les parts sociales ne sont pas revalorisées ; elles conservent leur valeur nominale. Si un associé quitte l'entreprise, la SCOP dispose (selon ses statuts) de 5 années pour lui rembourser ses parts à leur valeur d'acquisition (ou moins si l'année est déficitaire et que les pertes sont affectées au capital).

■ Au-delà de 20 associés, la SCOP SARL doit se doter d'un **conseil de surveillance** sinon elle doit passer en SA et se doter d'un conseil d'administration ou d'un directoire et d'un conseil de surveillance.

VOIR AUSSI

• **Les formes de sociétés** *(fiche 52)*

MOTS CLÉS

• **SCOP**
• **Entreprise collective**
• **Gouvernance démocratique**
• **Répartition des résultats**

TESTEZ-VOUS

A. Quelle est la forme courante d'une SCOP ?
B. Pourquoi parle-t-on de primauté de l'homme sur le capital ?
C. Comment est réparti le bénéfice ?

Corrigés p. 122.

LE PARTENARIAT ENTRE ENTREPRISES

55

1. Les raisons du partenariat

Les gains espérés

■ Si la **concurrence** est la règle en économie libérale, les entreprises choisissent parfois de coopérer pour améliorer les résultats :
- en mettant en commun des moyens et des compétences ;
- en partageant les risques et les coûts ;
- en développant des complémentarités.

Les techniques de coopération

■ Deux techniques juridiques sont possibles :
- de **simples contrats** : on parle **d'accords de coopération** encadrés par le droit à la concurrence nationale ou communautaire. Dans ce cas, les parties sont libres de définir les termes de leur collaboration ;
- la **constitution de véritables structures de coopération** qui devront respecter les règles de constitution et de fonctionnement des sociétés ou groupements. Elles devront choisir la structure la mieux adaptée au projet et respecter les règles en vigueur dans le pays d'implantation.

2. Les contrats de coopération

La concession

■ La **concession** est un accord par lequel un distributeur indépendant appelé **concessionnaire** a l'exclusivité, sur une zone territoriale déterminée, de la revente des produits d'un fournisseur appelé **concédant** Le concessionnaire est un commerçant juridiquement indépendant mais aussi économiquement dépendant. C'est la situation des garages ou des stations essence.

■ Le concessionnaire a des droits :
- il bénéficie de l'exclusivité de la vente sur son secteur ;
- il a la garantie de l'approvisionnement ;
- il bénéficie de l'enseigne et du soutien publicitaire et technique du concédant.

■ En contrepartie, le concédant lui impose :
- un quota d'approvisionnement ;
- l'obligation de respecter les conditions de vente et de publicité ;
- de ne pas faire concurrence aux autres concessionnaires.

VOIR AUSSI

- **Les principes juridiques de l'activité économique** *(fiche 47)*
- **Structures de coopération entre entreprises** *(fiche 56)*

MOTS CLÉS

- **Concession**
- **Franchise**
- **Sous-traitance**

TESTEZ-VOUS

A. Pourquoi les entreprises coopèrent-elles ?
B. Distinguez concessionnaire et concédant.
C. Quelles sont les obligations d'un franchiseur ?
D. Quelles sont les obligations du franchisé ?

Corrigés p. 122.

La franchise

■ La **franchise** est un mode de distribution sélectif par lequel un commerçant indépendant, **le franchisé**, utilise les procédés de vente mis au point par un producteur, **le franchiseur**, et vend ses produits sous la marque et l'enseigne de celui-ci.

■ On rencontre cette méthode chez les prestataires de service : l'hôtellerie (Formule 1), l'intérim (Manpower), la restauration (Mc Donald's), les loueurs de voiture (Avis, Hertz), la distribution (Phildar, Léonidas).

■ Le franchiseur va optimiser ses ventes et n'a pas à acheter le fonds de commerce, mais a des obligations :
– il communique au franchisé son nom, sa marque, ses produits ;
– il le forme, lui apporte une assistance technique et commerciale.

■ Le franchisé en retire des avantages :
– il reste son propre patron ;
– il bénéficie de l'assistance du franchiseur.

■ Le franchisé a aussi des obligations :
– il doit payer un droit d'entrée et une redevance périodique proportionnelle au chiffre d'affaires réalisé ;
– il doit respecter les normes de gestion et les méthodes commerciales du franchiseur ;
– il ne doit pas lui faire concurrence.

■ Pour que les relations s'établissent en toute confiance, la loi oblige le franchiseur à remettre au candidat franchisé, au moins 20 jours à l'avance, un document d'information et le projet de contrat. C'est la seule obligation légale, les autres émanent de la jurisprudence.

■ Franchise et concession sont des modes de distribution proches qui laissent au commerçant indépendant la charge du financement, mais lui offre la notoriété du fournisseur pour limiter les risques.

La sous-traitance

■ La sous-traitance est un contrat par lequel une entreprise, le **donneur d'ordre**, confie sous sa responsabilité, à une autre entreprise, **le sous-traitant**, tout ou partie de l'exécution d'un contrat conclu avec le **maître de l'ouvrage**. Un **cahier des charges** précise au sous-traitant le travail à effectuer. Le donneur d'ordre (entrepreneur principal) dirige le travail des sous-traitants et est responsable de leurs fautes.

STRUCTURES DE COOPÉRATION ENTRE ENTREPRISES

56

1. Le groupement d'intérêt économique (GIE)

Définition

■ Le **GIE** permet à ses membres de mettre en commun des moyens afin de développer leur activité économique et d'améliorer ou d'accroître leurs résultats, tout en gardant leur indépendance économique et juridique.

■ Son but n'est pas de faire des bénéfices, mais de rendre un service à ses adhérents.

Caractéristiques

■ Le GIE est doté de la personnalité morale dès son immatriculation au Registre du commerce et des sociétés (RCS).

■ C'est une structure plus souple qu'une société car :
- ses membres sont au moins deux personnes physiques ou morales solidairement et indéfiniment responsables ;
- son objet est civil ou commercial ;
- un capital n'est pas exigé ;
- les règles de fonctionnement sont définies librement dans les statuts.

■ Sa seule obligation est la rédaction d'un acte écrit qui définit les statuts.

2. Le groupement européen d'intérêt économique (GEIE)

Définition

■ Le **GEIE** est l'adaptation du GIE au droit européen pour faciliter la collaboration de partenaires de nationalités différentes, ressortissants d'un pays membre de l'Union européenne.

■ C'est un regroupement de personnes morales de droit privé (ou public) qui décident de mettre en commun des moyens en conservant leur indépendance juridique. Il peut être constitué par des personnes physiques exerçant des activités industrielles, commerciales, artisanales, agricoles, libérales ou de services.

Caractéristiques

■ Le GEIE doit compter au moins deux sociétés européennes installées dans deux États différents. Son siège social est obligatoirement dans

VOIR AUSSI

- **Le partenariat entre entreprises** *(fiche 55)*

MOTS CLÉS

- **GIE**
- **GEIE**
- **Co-entreprise**

l'Union européenne (ou l'espace économique européen qui regroupe 30 États : les 27 de l'UE + l'Islande, la Norvège et le Liechtenstein).

■ Il n'a pas l'obligation d'avoir un capital minimum (ce n'est pas une société) et n'a pas pour objectif de réaliser des bénéfices (s'il y en a, ils seront répartis entre les adhérents proportionnellement à leurs engagements). Les membres sont indéfiniment et solidairement responsables des dettes du groupement. Il ne peut employer plus de 500 salariés.

■ Le contrat de GEIE contiendra son nom, son siège social, son objet, la durée du groupement, le numéro et le lieu d'immatriculation de chaque membre. Le GEIE devra déposer ce contrat pour être immatriculé et avoir pleine capacité juridique dans toute l'Union.

3. La co-entreprise

Définition

■ La **co-entreprise** est un contrat conclu entre deux entreprises (ou deux personnes) afin de réaliser un projet particulier (ex. : développer un nouveau marché à l'étranger, réaliser une infrastructure d'importance comme construire un pipeline).

■ Elle est souvent d'une **durée limitée**.

■ Le GIE ou GEIE constituent des formes de co-entreprises.

Caractéristiques

■ La co-entreprise permet aux participants du groupement de :
– mettre en commun les connaissances, technologies, ressources pour réaliser un projet que le membre seul n'aurait pas pu faire ;
– accéder à un marché relativement fermé (ex. : en Chine, toute co-entreprise associe pour moitié une entreprise nationale avec l'étrangère, ce qui lui permet d'accéder à de nouvelles technologies et des transferts de savoirs) ;
– partager les frais et les investissements ;
– partager les risques de l'opération.

TESTEZ-VOUS

A. Quelle est la signification de GIE ?
B. Quel est le but d'un GIE ?
C. Quelle est la différence entre GIE et GEIE ?
D. Quel est le principe de base de la co-entreprise ?

Corrigés p. 122.

ÉCONOMIE – **Fiche 1. A :** elles proviennent des entreprises qui ont des besoins précis. – **B :** ce sont les personnes en âge de travailler, qui exercent un emploi ou en cherchent un. – **C :** c'est le rapport entre la population active et la population totale. – **D :** l'élévation du taux d'activité des femmes, l'allongement de la scolarité, le taux de fécondité... **Fiche 2. A :** la conjoncture économique, l'évolution des secteurs d'activité. – **B :** la productivité, le coût du travail, la combinaison productive. – **C :** une qualification, une polyvalence, une flexibilité. **Fiche 3. A :** il offre au salarié la possibilité de travailler de manière continue, jusqu'à la retraite. – **B :** il pourvoit un poste non durable. – **C :** le CTT met en relation une entreprise à la recherche d'un travailleur, une agence de travail temporaire qui mettra à disposition un de ses employés intérimaires. **Fiche 4. A :** le salaire est la contrepartie du travail. – **B :** la négociation collective fixe le salaire par des grilles de rémunération. – **C :** l'État intervient en protégeant les travailleurs (SMIC) et les chômeurs (allocations) et en limitant le recours aux contrats précaires. **Fiche 5. A :** l'INSEE fournit des chiffres annuels et Pôle emploi des chiffres mensuels. – **B :** un coût trop lourd pour les salariés peu qualifiés, trop de contraintes sur les licenciements, des charges supplémentaires quand l'effectif augmente (délégués du personnel, comité d'entreprise...). – **C :** le chômage conjoncturel est lié à un ralentissement de l'activité et le chômage structurel est lié au fonctionnement même du pays. **Fiche 6. A :** protéger l'individu contre les risques de l'existence (maladie, vieillesse, invalidité, chômage...). – **B :** dans la logique d'assistance, l'État verse une allocation à une personne sans ressources, sans cotisation préalable, alors que dans la logique d'assurance, les allocations versées dépendent des cotisations versées. – **C :** la redistribution horizontale est un transfert de ressources entre individus (ex. : actifs vers chômeurs) et la redistribution verticale vise à réduire les inégalités de revenus. – **D :** un traitement économique (création d'emplois) ou un traitement social (verser des allocations chômage). **Fiche 7. A :** c'est l'ensemble des ressources et des dépenses d'un agent économique. – **B :** la TVA. – **C :** la TVA ne réduit pas les inégalités. – **D :** l'impôt sur le revenu. **Fiche 8. A :** non. – **B :** le financement de l'assurance sociale, des retraites et de l'assurance chômage. – **C :** un soutien de la consommation. **Fiche 9. A :** c'est l'ensemble des coopératives, mutuelles, associations, syndicats, fondations... – **B :** mettre en avant l'individu. – **C :** AMAP, SEL, SCIC, coopératives, associations, mutuelles... **Fiche 10. A :** régulation des marchés, redistribution des richesses, régulation de l'activité économique. – **B :** un cycle économique est une succession de phases car l'activité économique n'est pas régulière. – **C :** expansion, crise, récession, reprise. **Fiche 11. A :** les agents sont rationnels, toutes les actions sont coordonnées par le marché et aboutissent à une situation optimale. – **B :** l'État gendarme se limite à assumer l'ordre et la sécurité du pays. – **C :** l'État doit intervenir pour améliorer le fonctionnement du marché. – **D :** l'État providence intervient lorsque l'investissement privé est défaillant, car il est le seul à pouvoir sortir un pays d'une crise. **Fiche 12. A :** c'est l'ensemble des actions mises en œuvre par les pouvoirs publics pour atteindre des objectifs économiques et sociaux. – **B :** la politique conjoncturelle veut agir sur les fluctuations économiques. – **C :** la politique structurelle vise à modifier en profondeur le fonctionnement de l'économie. **Fiche 13. A :** c'est l'ensemble de mesures prises par l'État pour orienter l'activité économique en s'appuyant sur un budget. – **B :** effet désincitatif sur le travail, fuite de capitaux, dette publique trop lourde, anticipations des agents, effet d'éviction... – **C :** augmentation des dépenses publiques, baisse des recettes fiscales... **Fiche 14.** **A :** c'est l'ensemble de mesures prises par l'État pour agir sur les conditions de financement de l'économie. – **B :** la banque centrale du pays. – **C :** action sur les taux d'intérêt directeurs, opérations d'open market, réserves centrale. – **D :** la banque centrale européenne la définit, les banques centrales nationales l'appliquent. **Fiche 15.** **A :** les finances publiques, le marché monétaire, le commerce extérieur. – **B :** pression fiscale plus forte, réduction des dépenses publiques, recours à l'emprunt. – **C :** c'est l'emprunt émis par un État. – **D :** un contrôle plus strict pour limiter le déficit à 0,5 % du PIB. **Fiche 16.** **A :** un directoire, un conseil des gouverneurs, un conseil général. – **B :** 17 pays. – **C :** la stabilité de la monnaie. – **D :** tenir compte des situations économiques différentes selon les États. **Fiche 17.** **A :** économiques, technologiques, humains, intellectuels. – **B :** l'Amérique du Nord, l'Europe et l'Asie du Sud-Est qui concentre la majorité des échanges internationaux. – **C :** indice des prix des exportations/indice des prix des importations. **Fiche 18.** **A :** parce que le marché national est insuffisant. – **B :** c'est une entreprise implantée dans plusieurs pays par l'intermédiaire de ses filiales. – **C :** elle crée des emplois et participe au développement. – **D :** elle supprime des emplois. **Fiche 19.** **A :** la balance des transactions courantes. – **B :** l'agroalimentaire, le tourisme, la haute technologie, les biens d'équipement. – **C :** peu d'exportations vers les pays émergents, un euro trop haut, peu d'exportateurs, une dépendance énergétique. – **D :** les pays de l'Union européenne. **Fiche 20.** **A :** l'Union européenne. – **B :** les États-Unis, le Canada, le Mexique. – **C :** l'Amérique du Sud. – **D :** l'Asie. **Fiche 21.** **A :** la liberté du commerce et la suppression de tout obstacle. – **B :** l'amélioration de la compétitivité, la croissance, les économies d'échelle comme avantages et le dumping, les ententes, la perte d'indépendance comme inconvénients. – **C :** protéger les industries naissantes contre les industries étrangères plus compétitives. – **D :** droits de douane, contingent, embargo, restrictions d'importation... **Fiche 22.** **A :** quand des pays proches se regroupent pour pratiquer le libre-échange. – **B :** dans la zone de libre-échange, les membres gardent leurs tarifs douaniers mais ils adoptent un tarif extérieur commun dans l'Union douanière. – **C :** le marché commun pratique la libre circulation des biens, services, hommes, capitaux et l'union a en plus des politiques communes. – **D :** le traité de Rome de 1957. **Fiche 23.** **A :** elle est composée par de plus en plus de membres. – **B :** la PAC (politique agricole commune). – **C :** la politique monétaire, régionale, défense, policière, de recherche... – **D :** un chômage important, une dépendance énergétique, une recherche insuffisante, une spécialisation industrielle contestable... **Fiche 24.** **A :** libéraliser les échanges, harmoniser les politiques douanières. – **B :** sur l'absence de discrimination entre pays membres et produits, l'élimination des droits de douane et des contingents. – **C :** l'ORD qui règle les litiges commerciaux. – **D :** le développement d'accords multinationaux, la réduction des droits de douane, la diminution des contingents... **Fiche 25.** **A :** la croissance est une augmentation durable de la production, et le développement est une croissance avec une modification des structures sociales, techniques, économiques, culturelles. – **B :** des inégalités. – **C :** un meilleur accès aux soins fait baisser la mortalité. – **D :** elle épuise les ressources naturelles et détruit l'environnement. **Fiche 26.** **A :** le PIB, le PNB, le taux de croissance. – **B :** l'IDH, l'IPH. **Fiche 27.** **A :** d'être à l'origine de problèmes environnementaux. – **B :** c'est un développement qui répond aux besoins du présent sans compromettre la capacité des générations futures à répondre aux leurs. – **C :** la solidarité, la participation, la précaution. – **D :** le PIB vert, l'empreinte écologique. **Fiche 28.** **A :** l'entreprise citoyenne se mobilise pour la protection de l'environnement. – **B :** elles épuisent la nature, polluent, produisent des biens inutiles. – **C :** elles économisent les ressources naturelles, donnent une qualité écologique à leur produit, réduisent les déchets et la pollution, réparent les dégâts. – **D :** le traitement des eaux usées, l'écotourisme....

DROIT – **Fiche 29.** **A :** la responsabilité civile vise à réparer le dommage causé à une personne, et la responsabilité pénale vise à sanctionner une infraction. – **B :** elle est délictuelle si le fait est intentionnel et quasi délictuelle quand il ne l'est pas. – **C :** elle est délictuelle pour réparer le préjudice causé et contractuelle quand le contrat n'est pas exécuté ou avec du retard. **Fiche 30.** **A :** c'est un préjudice subi par une personne suite à une faute. – **B :** le dommage doit être direct, certain, actuel, légitime et déterminé. – **C :** dommage matériel, moral, corporel. **Fiche 31.** **A :** le fait matériel qui a causé le dommage. – **B :** responsabilité du fait personnel, du fait des choses, du fait d'autrui. – **C :** cas de force majeure, fait d'un tiers ou de la victime. – **D :** mauvaise exécution ou inexécution du contrat. **Fiche 32.** **A :** un dommage, un fait générateur, un lien de causalité. – **B :** réparer le préjudice. – **C :** vers une objectivisation de la responsabilité, une collectivisation de la réparation. – **D :** le conducteur est quasiment toujours responsable. **Fiche 33.** **A :** c'est lorsqu'une personne s'engage à travailler sous les ordres et pour le compte d'un employeur moyennant salaire. – **B :** synallagmatique, à titre onéreux, à exécution successive, *intuitu personae*. – **C :** identité des parties, lieu de travail, emploi occupé, début du contrat... – **D :** clause de mobilité où le salarié s'engage à changer de lieu de travail ou clause de non-concurrence lors de la rupture du contrat, ou de dédit formation où le salarié s'engage à rembourser les frais de formation s'il rompt le contrat **Fiche 34.** **A :** contrat pour pourvoir un emploi non durable. – **B :** remplacement d'un salarié absent, accroissement temporaire d'activité... – **C :** le CTT fait intervenir une agence de travail temporaire. – **D :** car le salarié risque de se retrouver sans emploi à la fin du contrat. **Fiche 35.** **A :** 35 heures par semaine soit 151,67 h mensuelles. – **B :** c'est le temps où le salarié est sous les ordres de son employeur. – **C :** répartir sur l'année la durée légale du travail. **Fiche 36.** **A :** repos quotidien de 11 h et repos hebdomadaire de 24 h. – **B :** 11 jours fériés. – **C :** 30 jours ouvrables. – **D :** 2,5 jours par mois de travail. **Fiche 37.** **A :** l'employeur doit respecter le SMIC et les conventions collectives. – **B :** les pourboires, les primes, les indemnités, les avantages en nature. – **C :** la participation aux résultats de l'entreprise, l'intéressement, le plan d'épargne d'entreprise (ou interentreprise), les stock options. **Fiche 38.** **A :** une différence de traitement. – **B :** des questions en rapport avec l'emploi proposé. – **C :** l'employeur doit avertir au préalable les salariés. – **D :** l'employeur peut accéder aux dossiers professionnels du salarié, mais pas à ses courriers personnels. **Fiche 39.** **A :** l'employeur a des pouvoirs sur le salarié. – **B :** dans les entreprises de plus de 20 salariés. – **C :** l'avertissement. – **D :** le conseil des prud'hommes. **Fiche 40.** **A :** les délégués portent les réclamations du personnel à l'employeur. – **B :** le comité donne son avis sur la gestion de l'entreprise et gère les œuvres sociales de l'entreprise. – **C :** 4 ans. – **D :** ils sont protégés contre le licenciement. **Fiche 41.** **A :** c'est un groupement de personnes exerçant la même profession et qui défend les intérêts moraux et matériels des syndiqués. – **B :** 10 % des suffrages au niveau des élections dans l'entreprise, ou 8 % au niveau professionnel ou interprofessionnel. – **C :** un local, des panneaux d'affichage, la collecte des cotisations, la distribution des tracts. – **D :** plus de

50 salariés. **Fiche 42. A :** un arrêt concerté et collectif du travail. – **B :** le contrat de travail est suspendu, pas de rémunération. – **C :** aller devant le TGI, utiliser la conciliation, la médiation ou l'arbitrage. **Fiche 43. A :** le salarié. – **B :** une faute commise. – **C :** une convocation à un entretien préalable, entretien et notification du licenciement par LRAR. **Fiche 44. A :** un licenciement non lié au salarié, mais à des difficultés économiques, une mutation technologique, une réorganisation de l'entreprise... – **B :** l'employeur doit essayer de reclasser les salariés. – **C :** un petit licenciement est de 2 à 9 salariés et un grand de 10 salariés et plus. – **D :** les représentants du personnel donnent leur avis. **Fiche 45. A :** éviter une rupture brutale, permettre au salarié de retrouver un emploi. – **B :** une indemnité de licenciement. – **C :** si le salarié a commis une faute grave ou lourde. **Fiche 46. A :** pour avoir sa retraite à taux plein, il faut avoir un certain âge et avoir cotisé un certain temps. – **B :** la volonté de recourir à cela doit être certaine, claire, sans équivoque. – **C :** il évite à l'employeur de verser des indemnités aux salariés. **Fiche 47. A :** la liberté d'entreprendre, d'exploiter, de concurrence. – **B :** elle protège l'intérêt général et oriente l'activité. – **C :** c'est un moyen frauduleux pour attirer la clientèle – **D :** le dénigrement, la désorganisation, la confusion dans l'esprit du client... **Fiche 48. A :** une pratique qui restreint, qui fausse le libre jeu de la concurrence. – **B :** entente sur les prix, répartition du marché, élimination d'un concurrent. – **C :** quand une entreprise se soustrait à la concurrence de par sa part importante du marché. – **D :** l'Autorité de la concurrence en France et la Commission européenne au niveau de l'Union européenne. **Fiche 49 . A :** éliminer les concurrents. – **B :** quand la demande est de mauvaise foi, anormale, quand le client est insolvable, en cas d'indisponibilité matérielle ou juridique. – **C :** le tribunal de commerce. – **D :** par des dommages et intérêts. **Fiche 50. A :** l'entrepreneur exerce seul le pouvoir de direction. – **B :** la responsabilité de l'entrepreneur est totale, ses biens personnels répondent de ses dettes professionnelles. – **C :** elle s'adresse à de petites activités (montant du CA limité). – **D :** il y a création d'un patrimoine distinct du patrimoine personnel. **Fiche 51. A :** un apport, une participation aux bénéfices et aux pertes, la collaboration active à la vie de la société. – **B :** les caractéristiques et le fonctionnement de la société. – **C :** elle acquiert la personnalité juridique. – **D :** un gérant dans les petites sociétés (un manager dans les grandes) et un contrôle par les associés en assemblées générales. **Fiche 52. A :** la personnalité des associés est prépondérante. – **B :** seul l'argent apporté compte. – **C :** elle a des caractéristiques des deux formes (de personnes et de capitaux). – **D :** SNC société de personnes, SA société de capitaux, SARL société hybride. **Fiche 53. A :** c'est une société à un seul associé (associé unique). – **B :** l'associé unique ou un gérant salarié. – **C :** 1 euro. – **D :** un président. **Fiche 54. A :** SA ou SARL. – **B :** une personne = une voix (dans les autres sociétés, c'est l'apport qui donne plus ou moins de voix). – **C :** en 3 parts : travail, capital et réserves. **Fiche 55. A :** pour améliorer les résultats. – **B :** le concédant est le producteur qui cède le droit de vendre ses produits à un concessionnaire. – **C :** donner son nom, sa marque et ses produits, communiquer ses méthodes de production ou de vente. – **D :** payer un droit d'entrée et des redevances selon les ventes réalisées, respecter les méthodes du franchiseur, ne pas lui faire concurrence. **Fiche 56. A :** GIE : groupement d'intérêt économique. – **B :** mettre des moyens en commun pour rendre un service aux adhérents. – **C :** le GEIE est européen. – **D :** contrats conclus entre deux entreprises de nationalités différentes pour développer un projet.

LEXIQUE ÉCONOMIE

A

ALENA (accord de libre-échange nord américain) zone de libre-échange entre les États-Unis, le Canada et le Mexique.

ASEAN (association des nations de l'Asie du Sud-Est) organisation politique, économique et culturelle regroupant plusieurs pays de l'Asie du Sud-Est (Indonésie, Malaisie, Philippines, etc.).

B

Balance des transactions courantes document comptable regroupant les échanges commerciaux d'un pays avec le reste du monde (biens, services, revenus, transferts courants). C'est une partie de la balance des paiements qui regroupe l'ensemble des opérations réalisées entre un résident et un non-résident pour une période (l'année).

Barrière tarifaire droits de douane, taxes perçues par l'État lors du passage des importations à la frontière.

Budget état des recettes et des dépenses d'un agent économique.

C

Carré magique schéma théorique établi par Kaldor qui représente graphiquement les quatre objectifs de la politique économique conjoncturelle (maîtrise de l'inflation, croissance forte, lutte contre le chômage, excédent commercial).

Chômage conjoncturel chômage lié au ralentissement de l'activité économique.

Chômage structurel chômage lié à une inadéquation entre l'offre et la demande de travail (manque de mobilité, compétences inadaptées...).

Chômeur selon le BIT (Bureau international du travail) un chômeur est une personne sans emploi, disponible pour travailler (immédiatement ou dans 15 jours), à la recherche d'un emploi rémunéré et qui effectue une recherche active (chiffres annuels). Pôle emploi évalue mensuellement le nombre de DEFM (Demandeurs d'emploi en fin de mois) qui se définissent comme des personnes inscrites sur les listes de Pôle emploi en fin de mois et qui recherchent activement un emploi.

Croissance phénomène durable d'augmentation de la production qui entraîne la modification du milieu économique (par opposition à l'expansion qui est une augmentation sur une courte période).

Contingentement limitation autoritaire des quantités importées (on parle aussi de quota).

CRDS contribution au remboursement de la dette sociale destinée à combler le déficit de la Sécurité sociale.

CSG contribution sociale généralisée pour financer la protection sociale.

Cycle économique fluctuation de l'activité économique, plus ou moins régulière, comprenant chaque fois une période de croissance et une période de dépression, les points de retournement correspondant à la crise et à la reprise.

D

Dette souveraine emprunt émis ou garanti par un « émetteur souverain » (un État ou parfois une banque centrale).

Développement durable développement qui répond aux besoins du présent sans compromettre la capacité des générations futures à répondre aux leurs.

Directoire groupe de six membres à la BCE chargé d'en assurer la gestion quotidienne.

E

Écobilan analyse de tous les stades de fabrication pour mettre en évidence les points faibles et les solutions pour que le produit réponde aux exigences des normes de protection écologiques.

Économie sociale et solidaire ensemble de groupes communautaires (coopératives, mutuelles, associations, syndicats, fondations) dont le but est d'aider les individus à ne pas tomber dans la pauvreté ou de les aider à réaliser leurs projets.

Embargo interdiction totale d'importations de produits venant d'un pays.

Entreprise citoyenne entreprise qui se sent responsable de l'avenir de la planète (ex. : utilisation des énergies renouvelables, éco-bilan...).

État gendarme conception libérale de l'État selon laquelle il ne doit pas intervenir dans l'économie pour ne pas troubler le libre jeu des marchés (il doit seulement garantir la sécurité des biens et des personnes et le respect des droits).

État providence conception keynésienne de l'État selon laquelle il doit jouer un rôle actif dans la régulation de l'économie.

F

Firme multinationale (FMN) groupe qui fait effectuer une part importante de sa production dans différents pays par des entreprises appelées filiales qu'il contrôle. L'organe qui coordonne l'activité est appelé « société mère » (siège social).

I

IDE (investissements directs à l'étranger) mouvements internationaux de capitaux réalisés pour créer, développer une filiale à l'étranger et/ou exercer le contrôle (ou une influence significative) sur la gestion d'une entreprise étrangère. Élément moteur de la multinationalisation des entreprises, elles visent la réduction des coûts, la conquête de nouveaux marchés.

IDH (indicateur de développement humain) indicateur qui prend en compte le niveau de vie (mesuré par le revenu par habitant), l'espérance de vie (qui représente le niveau de santé du pays) et le taux d'éducation (taux de scolarisation des enfants et des adultes).

K

Keynésianisme théorie économique qui préconise la relance de la croissance économique par une augmentation de la demande avec l'aide de l'État.

L

Libéralisme doctrine prônant la liberté individuelle dans les domaines économique et politique.

Libre-échange doctrine économique visant une liberté totale du commerce et l'interdiction de toute mesure entravant cette liberté.

Logique d'assistance (ou de solidarité) versement d'allocations aux personnes sans ressources pour lutter contre la précarité sans contribution initiale des bénéficiaires.

Logique d'assurance versement d'allocations en fonction des cotisations versées.

M

Marché du travail rencontre de l'offre de travail (des salariés) et de la demande de travail (de la part des entreprises).

Marché commun union douanière avec libre circulation des hommes et des capitaux en plus de celle des biens et services (ex. : Mercosur).

Mercosur marché commun entre pays d'Amérique du Sud (l'Argentine, le Brésil, l'Uruguay, le Chili, la Bolivie).

Mondialisation intégration croissante des pays par les marchés sous l'effet de la libéralisation des échanges et le développement des réseaux mondiaux de communication (Internet).

O

OMC (organisation mondiale du commerce) organisation créée à la suite du GATT pour continuer la libéralisation des échanges mondiaux.

Open market opération de refinancement par la BCE ayant pour but de fournir ou de retirer des liquidités sur le marché monétaire.

P

PIB (produit intérieur brut) indicateur de la richesse créée par les agents économiques sur le territoire.

PIB/H (PIB par habitant) indicateur de richesse et du niveau de vie, il renseigne sur le bien-être matériel de la population.

PNB (produit national brut) indicateur de la richesse créée par les agents économiques nationaux (en France ou à l'étranger).

Politique budgétaire politique économique qui consiste à utiliser le budget de l'État pour influencer l'activité économique (soutenir la croissance et l'emploi, limiter l'inflation, avoir un équilibre ou un excédent au niveau du commerce extérieur).

Politique conjoncturelle politique économique à court terme menée pour orienter l'activité dans un sens favorable.

Politique économique ensemble des interventions de l'État dans l'économie.

Politique monétaire politique économique pour influer sur l'évolution de la masse monétaire et des taux d'intérêt de façon à agir sur l'inflation.

Politique structurelle action des pouvoirs publics pour modifier les structures économiques et les relations entre agents économiques.

Population active ensemble des personnes en âge de travailler qui ont un emploi ou en cherchent un.

Productivité mesure de l'efficacité de la combinaison de la production calculée en faisant le rapport entre production et moyens utilisés pour la réaliser.

Protectionnisme doctrine économique selon laquelle le marché national doit être protégé car les industries nationales sont trop fragiles face à la concurrence internationale (cas des pays en développement) ou elles ont besoin de se reconvertir (cas des pays développés).

Protection sociale ensemble des institutions fondé sur la solidarité sociale, garantissant aux individus des ressources pour faire face aux risques de l'existence : maladie, vieillesse, famille, chômage…

R

Redistribution prélèvements des pouvoirs publics pour répartir plus équitablement les richesses par l'attribution de prestations sociales. Elle est horizontale quand elle concerne deux catégories différentes (entre actifs et retraités, entre travailleurs ayant un emploi et au chômage, etc.), et verticale entre catégories aisées et moins aisées par les impôts, les subventions et la fourniture de biens et services tels que l'éducation, la santé et le logement.

RSA (revenu de solidarité active) revenu versé pour assurer un minimum de ressources à une personne (ou complément de revenu si la personne a une activité partielle).

S

Salaire contrepartie du travail, rémunération du travail.

SMIC (salaire minimum interprofessionnel de croissance) salaire minimum destiné à maintenir le pouvoir d'achat des plus défavorisés.

T

Taux directeurs taux d'intérêt fixés par la banque centrale d'un pays ou d'une union monétaire aux crédits à court terme accordés aux banques commerciales en manque de liquidités par la banque centrale, ce qui influence le taux accordé aux particuliers ou aux entreprises qui voudront emprunter.

Termes de l'échange rapport entre le prix des produits exportés et importés.

Triade les trois zones économiques qui dominent les échanges internationaux (Amérique du Nord, Union européenne, Asie du Sud-Est autour du Japon).

Traitement économique du chômage relance de l'activité pour développer la création d'emplois afin de réduire le chômage.

Traitement social du chômage versement d'allocations pour rendre le chômage moins pénible, dans l'attente d'un emploi.

U

Union douanière zone de libre-échange avec une politique extérieure commune (mise en place d'un tarif extérieur commun).

Z

Zone de libre-échange zone regroupant des pays proches géographiquement et qui décident de réduire ou supprimer les barrières tarifaires ou qui freinent les échanges dans la zone mais chaque pays garde ses tarifs douaniers vis-à-vis des pays extérieurs.

LEXIQUE DROIT

A

Abus de position dominante situation qui permet à un professionnel d'imposer des conditions excessives au partenaire en situation de dépendance.

Affectio societatis volonté des associés de collaborer activement au fonctionnement de la société.

Assemblée générale réunion des associés d'une société pour prendre des décisions. Elles sont ordinaires (ex. : approbation annuelle des comptes) ou extraordinaires pour des modifications de statuts.

Apport participation des associés à la constitution du capital de la société. Ils peuvent faire un apport en numéraire (argent), en nature (bâtiments, machines) ou en industrie (savoir-faire, compétences apportées par un associé).

Auto-entrepreneur formule créée pour favoriser la création d'entreprises et simplifier les démarches des entrepreneurs individuels et qui s'adresse aux demandeurs d'emploi, étudiants, salariés, fonctionnaires ou retraités souhaitant exercer une activité commerciale, artisanale, libérale, à titre principal ou complémentaire dont le chiffre d'affaires ne dépassera pas un certain montant.

B

But lucratif recherche d'un bénéfice ou d'une économie.

C

Cas de force majeure événement imprévisible, insurmontable, irrésistible (ex. : une tempête empêche la livraison d'une marchandise) et extérieur à la personne (séisme, incendie) qui exonère la personne de responsabilité.

Clause de non-concurrence clause interdisant au salarié après rupture du contrat de travail de s'installer ou d'être embauché chez un concurrent pendant un certain temps et dans un certain périmètre.

Clause de mobilité clause par laquelle le salarié s'engage à accepter une modification de son lieu de travail (souvent limitée à une certaine distance).

Comité d'entreprise organe de coopération, il est consulté par l'employeur en matière économique et professionnelle, informé de toute décision concernant l'organisation, la gestion et la marche générale de l'entreprise et gère les œuvres sociales et culturelles de l'entreprise (cantine, bibliothèque, colonies de vacances, arbre de Noël...).

Concession accord par lequel un distributeur indépendant appelé concessionnaire a l'exclusivité, sur une zone territoriale déterminée, de la revente des produits d'un fournisseur appelé concédant.

Conciliation procédure pour résoudre une grève par l'intervention d'un tiers qui essaie de rapprocher les points de vue.

Concurrence déloyale comportement d'un professionnel contraire à un certain sens de l'honneur dans les affaires.

Conseil de prud'hommes tribunal compétent pour les litiges opposant un employeur à son salarié.

Contrat à durée déterminée contrat permettant à l'entreprise de pourvoir un poste non durable, non lié à l'activité normale et permanente (ex. : remplacement d'un salarié absent ou malade, surcroît d'activité, emplois saisonniers.

Contrat de travail convention par laquelle un salarié s'engage à mettre au service d'un employeur ses capacités physiques, intellectuelles et professionnelles en contrepartie d'une rémunération appelée salaire, versée par l'employeur.

Contrat de travail temporaire contrat mettant en relation l'entreprise à la recherche d'un travailleur temporaire et un salarié intérimaire mis à disposition par une agence de travail temporaire (ex. : Manpower) pour les mêmes cas que le CDD.

Crédit d'heures temps mis à la disposition d'un représentant du personnel pour exercer son mandat.

D

Délégués du personnel porte-parole des salariés, ils présentent à l'employeur des réclamations individuelles et collectives du personnel concernant l'application du Code du travail et des conventions ou accords collectifs.

Délégué syndical représentant du syndicat dans l'entreprise.

Démission rupture du contrat de travail décidée par le salarié.

Discrimination différence de traitement dans le but de favoriser ou défavoriser une personne.

Dommage préjudice subi par une personne suite au comportement fautif d'une autre.

Dommages et intérêts compensatoires indemnisation donnée au cocontractant en cas de non-exécution d'un contrat.

Dommages et intérêts moratoires indemnisation donnée au cocontractant en cas de retard dans l'exécution d'un contrat.

Durée légale du travail durée définie par la loi (35 heures par semaine soit 151,67 heures par mois).

E

EIRL (entrepreneur individuel à responsabilité limitée) possibilité offerte par la loi à l'entrepreneur individuel qui peut affecter un patrimoine à son activité professionnelle, patrimoine distinct de son patrimoine personnel, ce qui lui permet de protéger ses biens personnels des poursuites des créanciers professionnels.

Entente association d'entreprises ayant pour objet ou effet de fausser ou d'entraver le jeu de la concurrence (interdites sauf si elles contribuent à un progrès économique).

Entreprise individuelle unité économique sans personnalité morale dont la création et le fonctionnement dépendent de l'exploitant (entrepreneur).

EURL (entreprise unipersonnelle à responsabilité limitée) société à associé unique ayant les caractéristiques de la SARL.

F

Fait générateur (ou faute) élément qui cause le dommage.

Franchise mode de distribution sélectif par lequel un commerçant indépendant, le franchisé, utilise les procédés de vente mis au point par un producteur, le franchiseur, et vend ses produits sous la marque et l'enseigne de celui-ci.

G

GEIE (groupement européen d'intérêt économique) adaptation au niveau européen du GIE.

GIE (groupement d'intérêt économique) groupement permettant à ses membres de mettre en commun des moyens afin de développer leur activité ou accroître leurs résultats tout en gardant leur indépendance économique et juridique.

Grève cessation concertée et collective du travail par des salariés en vue de contraindre l'employeur à céder à leurs revendications.

H

Horaires individualisés organisation de la journée de travail en plages fixes pendant lesquelles la présence du salarié est obligatoire et en plages mobiles laissées à la libre gestion du salarié.

I

Intéressement forme particulière de rémunération (souvent facultative), utilisée pour motiver le personnel et l'intéresser à la performance de l'entreprise (chiffre d'affaires, bénéfice, etc.).

Intuitu personae « selon la personne », dans un contrat, la qualité des contractants peut être importante comme dans un contrat de travail ou une société de personnes.

J

Jours fériés jours de fêtes légales (11 en France).

L

Licenciement rupture du contrat de travail à l'initiative de l'employeur suite à une faute du salarié (licenciement pour motif personnel) ou pour difficultés économiques (licenciement économique).

Lien de subordination relation entre le salarié et l'employeur selon laquelle le salarié travaille sous les ordres et le contrôle de son employeur.

Lien de causalité lien de cause à effet entre faute et dommage. La victime devra généralement prouver que le dommage résulte de la faute pour être indemnisée.

Lock out fermeture de l'entreprise à titre préventif par l'employeur (interdit).

M

Médiation intervention d'un médiateur nommé par le ministre du Travail pour résoudre un conflit du travail.

O

Ordre public de direction règles pour protéger l'intérêt général.

Ordre public de protection règles pour rétablir l'équilibre entre les parties, pour protéger le plus faible.

P

Personnalité juridique aptitude d'une personne à avoir des droits et des obligations.

Personne morale groupement de personnes ayant une personnalité juridique distincte de celle de ses membres.

Pouvoir disciplinaire pouvoir du chef d'entreprise de prendre des sanctions suite au comportement fautif d'un salarié.

Pouvoir de direction pouvoir du chef d'entreprise de gérer l'entreprise comme il le veut.

Pouvoir règlementaire pouvoir du chef d'entreprise d'établir unilatéralement le règlement intérieur.

Pratique anticoncurrentielle pratique d'entreprises qui ont pour but de fausser, de restreindre le libre jeu de la concurrence.

Préavis période qui s'écoule entre la notification de la rupture du contrat de travail et le départ effectif du salarié pour permettre aux parties de trouver un autre emploi (ou un autre employé).

R

Représentativité syndicale critères de reconnaissance de la légitimité d'un syndicat.

Responsabilité obligation de répondre de ses actes. Celui qui cause un dommage à autrui sera obligé de réparer.

Responsabilité contractuelle responsabilité résultant de l'inexécution du contrat ou de sa mauvaise exécution.

Responsabilité civile pour réparer un dommage causé à une personne. Elle est délictuelle si le fait était intentionnel et quasi délictuelle quand la personne a agi par imprudence ou négligence.

Responsabilité pénale pour sanctionner une infraction prévue et punir le coupable (par une amende ou/et de la prison). Il peut s'agir d'une contravention, d'un délit ou d'un crime.

S

Saisie arrêt sur salaire décision de justice permettant à l'employeur de retenir, sous conditions, une partie des rémunérations d'un salarié qui n'honore pas ses dettes.

Salaire contrepartie du travail, rémunération du travail.

SCOP (société coopérative et participative) société commerciale fondée sur la primauté de l'individu qui devient salarié-associé.

Société contrat par lequel plusieurs personnes (exceptionnellement une seule) mettent des moyens matériels et financiers en commun en vue de partager les bénéfices (ou de participer aux pertes).

Société de capitaux société qui repose sur l'importance du capital, la personnalité des associés comptant peu.

Sociétés intermédiaires (hybrides) sociétés ayant des caractéristiques des sociétés de personnes et de capitaux.

Sociétés de personnes sociétés qui reposent sur la qualité des personnes (*intuitu personae*) d'où une solidarité pour les dettes de la société.

Sociétés unipersonnelles sociétés créées par une seule personne sur décision de la loi.

Sous-traitance contrat par lequel une entreprise, le donneur d'ordre, confie sous sa responsabilité, à une autre entreprise, le sous-traitant, tout ou partie de l'exécution d'un contrat selon un cahier des charges préétabli.

Syndicat groupement de personnes exerçant la même profession (ou des professions annexes) et ayant pour but la défense des droits et intérêts moraux et matériels, individuels et collectifs, de leurs membres.

T

Temps de travail effectif temps pendant lequel le salarié est sous la dépendance de l'employeur.

Achevé d'imprimer en Espagne par Macrolibros - Dépôt légal : Juin 2013 - Collection n° 10 - Édition n° 01
16/0911/4